世界一
安心な

# “米国債・ドル建て社債”の教科書

YouTube【お金の学校】のとチャン先生
ファイナンシャルプランナーＣＦＰ®

**能登《のと》 清文《きよふみ》**

# はじめに

本書を手に取っていただき、ありがとうございます。

和の心を愛する人生１００年時代のお金の専門家、ファイナンシャルプランナーの能登清文です。

コロナ禍の発生からはや3年が経過しました。２０２３年5月の連休あけからは5類に指定替えとなり、インフルエンザと同じ扱いとなります。

まだまだ油断は禁物ですが、町には人出が戻り、海外からインバウンド需要も急回復、ようやく日常が戻ってきたと安堵しています。

一方、世界情勢はといえば、ロシアのウクライナ侵攻はいまだ膠着状態であり、解決のメドが立っていない状況です。

コロナ対策で行われた金融緩和による金余り、そしてロシアへの経済制裁の影響による資源高などの影響をうけ、世界中で、急速なインフレ進行が問題化しています。

特に米国では消費者物価指数が6％を超えて、月によっては9％以上という深刻な状況です。

このインフレを抑制するため、米国政府は消費者物価指数の上昇に合わせて政策金利の利上げを実施、すでに5％を超える水準になっています。

一方、日本ではゼロ金利政策を継続していますので、日本国債の金利も上がらず、預貯金の金利もつきません。預貯金で持っていると毎年インフレ分だけどんどん価値が減ってきてしまう、そんな時代に入ってきました。

米国の政策金利引き上げの影響で、既発米国債やドル建て社債の利回りも急上昇。米国債で3・5％〜、高格付けの金融機関のドル建て社債が8％〜といった、滅多に出ない高利回りの「お宝社債」が出現しています。

ただ、残念ながら日本では米国債・ドル建て社債はほとんど知られておらず、外債を扱うネット証券でも、ごく限られた銘柄しか販売されていません。

私はYouTubeチャンネル〔お金の学校　のとチャン〕で、米国債や高利回りのド

ル建て社債をご紹介していますが、

「この動画で初めて米国債の存在を知った」
「安心安全で高利回りなら、ぜひ購入したい！」

と大きな反響をいただいております。

米国債・ドル建て社債に関する取材依頼も増え、週刊ダイヤモンド誌（ダイヤモンド社）の「シニアの資産運用」特集でも、米国債・ドル建て社債投資を取り上げた記事に、取材協力させていただきました。

「シニアの資産運用」は日本経済を左右する重要な課題です。

日本の金融資産のうち、60歳以上の世代が6割以上を保有していると言われていますが、その資産の多くは消費には向かわず、ゼロ金利の日本の預貯金として死蔵されているのが現状です。

せっかく蓄えたお金をなぜ使わないのかといえば、一言でいえば「預貯金が減るのが怖い」からです。人生１００年時代、長生きリスクが叫ばれる中、預金残高が減っていく心細さは想像するに難くありません。

しかし、もしこのお金を、米国債やドル建て社債で運用していただければどうでしょうか。

債券は満期まで持てば額面で戻ってくる、日本人の好きな「元本保証」に近い側面もある金融商品です。使っても元本が減らない「利息収入」であれば、趣味や娯楽、旅行などの楽しみに気兼ねなく使えます。老後生活がより豊かになり、ひいては日本経済も活気づくと思います。

また、高齢者の方だけでなく、若年層や子育て世代の方においても米国債・ドル建て社債の活用をお勧めしています。

金利の複利効果は、時間がたつほど大きくなります。ぜひ早い段階で米国債やドル建て社債をマネープランニングに取り入れていただき、教育資金や老後資金などの構築に役立て、豊かな人生につなげていただきたいと願っています。

私の7作目の著作となる本書では、これから初めて米国債、ドル建て社債について学ぶ方のために、既刊本をベースによりわかりやすく、より具体的にお伝えすることを念頭に置いて執筆しました。

国債や社債の基本的な説明や図版などベーシックな部分及び、強くお伝えしたい部分は一部既刊本から引用しております。従来の読者の皆様にも、ぜひ復習を兼ねてお読みいただけますと幸いです。

本書が、皆様の日常、そして元気で明るい老後生活の一助となれば幸いです。

能登清文

本書では、特に注釈のない限り、ドル円の為替は1ドル＝135円で計算しています。また、本書内でご紹介する債券の「利回り」は「最終利回り（これまで受け取った利息と償還益を合わせた最終的な利回り）」を指すものとします。

◆目次◆

## 第3章　ブーム到来！　高利回りの「ドル建て社債」を知ろう

## 第4章 「能登式　米国債・ドル建て社債投資法」とは？

## 第5章 【読者／セミナー受講者／YouTube視聴者】 〝米国債・ドル建て社債〟初心者からの〝12〟の質問に答えます！

序章

# 本書のご提案

～ 米国債・ドル建て社債への分散で
資産構築～

# 1 本書のご提案
## ～米国債・ドル建て社債への分散で資産構築～

急激な円安などの要因もあり、
日本でもインフレが進行中です。

利息が付かない日本の預貯金では、
インフレ分、資産の「価値」が
どんどん目減りしてしまいます。

その対策として、
本書では元本保証に近い側面もある
「米国債」、「ドル建て社債」
での運用をお勧めしています。

アメリカの政策金利の引き上げを反映し、
債券の利回りも上昇しています。
資産の「価値」を守りながら殖やし、
安定的な利息収入を得て
豊かな人生を送りましょう。

## 2 能登式 米国債・ドル建て社債投資のポイント！

能登式　米国債・ドル建て社債投資の目的は、極力リスクを抑えて資産を殖やし、その資産から元本の減らない「利息収入」を得て人生を楽しむことです。

### 米国債は世界一安心・安全な金融商品！

米国債は、世界一の経済大国である米国政府が発行している、満期時に額面保証（ドルベース）の金融商品です。

米国が破綻しない限り、満期になれば額面金額が償還（返金）されますので、他の金融商品と比べ安定している金融商品だと判断し、お勧めしています。

## ドル建て社債は発行体の選択が重要！

ドル建て社債とは、企業が資金集めのために（ドル建てで）発行する債券です。社債はドル建てだけでなく、ユーロ建て、円建てなど様々な通貨で発行されますが、私は世界の基軸通貨である「ドル建て」をお勧めしています。

社債は発行体の破綻によるデフォルト（債務不履行）が一番のリスクなので、格付けが高く信頼できる企業を慎重に選択する必要があります。

## 利上げトレンドの今は、買いのチャンス

債券は満期まで待たずに、市場で売買することもできます。

既に販売されている債券（既発債）の場合、政策金利が上がると、それにつられて利回りが上がります。

米国が利上げ局面にある今は、高利回りの米国債やドル建て社債を購入するチャンスです。

米国債10年物の利回りで4％（２０２３年7月10日現在）、ドル建て社債の場合はさらに利回りが高く、２０２２年～２０２３年にかけて、利回り8％以上という「お宝社債」も数多くご紹介しています。

このトレンドがいつまで続くかはわかりませんが、現在は数年に一度の「お宝社債」の買い局面であると認識しています。

## 預貯金では資産の「価値」が目減りする時代！

急激な円安進行を受け、日本経済も長らく続いたデフレを脱し、インフレへと突入しつつあります。

そんな中、ゼロ金利政策を維持する日本の預貯金では、インフレ分資産の「価値」が目減りしてしまいます。

日本人は預貯金が好きで、投資には消極的な国民性だと言われます。

「投資に失敗して減るのが怖い」という心理もわかるのですが預貯金だけでは資産を守れず、その「価値」が目減りする時代なのです。


わかりやすい例えとして、一つのお話をご紹介します。

**『2人の人生を大きく変えたもの』**


10年前、春の桜が美しい季節でした。

2人の紳士が同じ会社を退職しました。

共に仕事熱心で人柄も良く、老後は家族との時間を大切に、旅行や趣味を楽しみたいと願っていました。

お金の面でも堅実で、退職金と持株会でコツコツ積立した老後資金を、
それぞれ約５０００万円も持っていました。

そんな２人が10年ぶりに退職した会社のＯＢ会で再会しました。

10年たっても２人には共通点が多かったのです。

共に幸せな生活をし、３人の孫にも恵まれました。

家族旅行や外食、趣味などを満喫し、その楽しみに毎年２００万円を使っていることも同じでした。

年金額や普段の生活費も同じくらいのものです。


ところが、ひとつだけ違うところがありました。

それは大きな、大きな違いです。

一人は、老後資金の残高が２０００万円減り、３０００万円となっていました。

もう一人は５０００万円が、そのまま残っていたのです。

２０００万円もの違いをもたらしたもの、それは・・・、
持っているお金の活かし方だったのです。

１人は、退職時の資産５０００万円を大切に貯金しました。
そして普段は年金で生活し、旅行などの楽しみのために、
預金から毎年２００万円を取り崩して使いました。
預金は、10年で２０００万円も減りました。

１人は、退職時の資産５０００万円でドル建て社債（利率５％）を購入しました。
利息は年間約２５０万円。20％の税引き後でも、約２００万円残ります。
そして普段は年金で生活し、旅行などの楽しみのために、
利息収入を毎年２００万円使いました。
元本の５０００万円は、そのまま残っています。

これが、退職後10年で、２人の間に２０００万円もの差がついた理由です。

預金を取り崩すか、元本はそのままで、利息収入で楽しむか。
この差は時間がたつほど、どんどん大きくなります。

2人の人生を変えたもの。
それは知っているか知らないか。
さらには、知っているだけか、それともアクションまで起こせるか。
お金の知識は、人生を大きく変えるのです。

このお話は、私が前著「世界一堅実な〝米ドル〟投資の教科書」でご紹介したものです。ビジネス雑誌でも引用されるなど、大変ご好評をいただきました。
わかりやすくするため、資産を「円建て」で表記していますが、
今回は「ドル建て」で見直してみましょう。

退職して10年後・・・

一人は、退職時の5000万円が、3000万円に減っていました。

一人は、退職時の5000万円でドル建て社債を購入し、元本がそのまま残っていました。

ドル建て社債を購入した紳士は、10年前（2013年）に5000万円で50万ドル分のドル建て社債を購入しました。

当時のドル円レートは97・6円でした。

この50万ドルを現在のドル円レート（本書基準・135円）で日本円に換算すると、6750万円。

もう一人の紳士の残高3000万円と比べると、倍以上の差がついています。

また、受け取る利息もドル建てですから、5％の利回りで年間2万5千ドル、税引き後で約2万ドル（２７０万円）です。

毎年の楽しみのために使えるお金にも、大きな差がついてしまったのです。


円安の進行のため、ドル建てでみると日本円の額面以上に資産「価値」の差が拡大していることが、ご理解いただけるでしょう。

今後も円安とインフレが進むと予測される中、もはや金利のつかない日本円の預貯金にしているだけでは、大切な資産は守れません。


円安とインフレに備えて資産「価値」を守るためには、少しずつでも日本円から米ドル建ての資産に振り分けていくことです。

米ドル資産を持つ方法は何種類かありますが、本書では米国債とドル建て社債をお勧めしています。

米国債は今なら3・5％～、ドル建て社債なら4％～8％の利息がつきます。債券は満期時には額面で戻ってくる金融商品なので、先でご紹介したお話の紳士のように、元本を減らさず、利息収入で旅行や趣味などを楽しむ事もできます。

それでは第1章からは、まず米国債やドル建て社債の基本についてお伝えしていきます。

# Column

## 視聴者からのお手紙

能登清文YouTubeチャンネル、［お金の学校］のとチャンを開設して3年、米国債やドル建て社債についてご紹介する動画を600本以上アップしてまいりました。おかげ様でチャンネル登録数・視聴回数共に順調に増えており、多くのコメントやお問い合わせを頂いております。

先日、あるお客様よりお手紙をいただきました。とても嬉しかったので、ご紹介させていただきます。

> YouTube視聴100万回突破おめでとうございます。私も去年8月よりチャンネルを拝見し、能登さんとのご縁をいただいたおかげで、利息をいただけるようになりました。思い切ってお願いしてよかったと感激しております。
>
> この喜びをお伝えしたく、少しですが、北海道のお菓子を送らせていただきました。新社会人1年生が、初めての給料で親御さんに何か差し上げる気持ちに似ているかもしれません。ご笑納いただけますと幸いです。

初めての利息が入ったということで、わざわざ北海道のお菓子まで送ってくださいました。本当にありがとうございます。

私は滋賀を拠点に活動しておりますが、このYouTubeをはじめ、LINE、TwitterなどのSNSを通じて、日本全国のお客様が増えています。

こんな便利な時代ですが、やはりお手紙をいただくというのは、人の想いがダイレクトに伝わってきて、ひときわ嬉しく感激するものです。

この場をお借りして、改めて皆様にお礼申し上げます。

# 第1章

# 国債？　社債？
# 「債券」投資って、
# 何ですか？

# 1 債券ってなに？

「国債」という言葉は耳にしたことがあるけれど、「債券」は良くわからないし、買ったこともない。そのような方が大半でしょう。ましてや本書でご紹介している米国債、ドル建て社債ともなれば、なおさらです。

本章では、まず「債券」について基礎からご説明します。

**債券とは、借金の借用証明書のようなもの**

債券とは、国・地方公共団体・銀行・会社などが資金調達をするために発行する有価証券です。

国債　＝　国が発行した債券（例：米国発行の国債＝米国債）

社債　＝　銀行や会社などが発行した債券（例：A社発行の社債＝A社債）

つまり「債券」とは、国や地方自治体、企業などの債券の発行体が、お金を借りた代わりに渡す借用証明書のようなものです。

## 債券には利息がつく！

国債であれば、国債を買う事で、その国に対しお金を貸したことになります。借金なので、当然利息がつきます。この利息を「クーポン」といいます。なお、債券の利息は、通常年に1～2回払われます。

債券の利息（クーポン）は発行体の信用度や満期までの期間によって異なりますが、発行時に決定されるため、最終的な損益が計算しやすく、他の金融商品と比べ、安定性の高い金融商品※だといえます。

※金融商品：預金、株式、国債、社債、投資信託、保険など。主に金融機関によって提供される商品の総称。

〔債券の仕組み〕

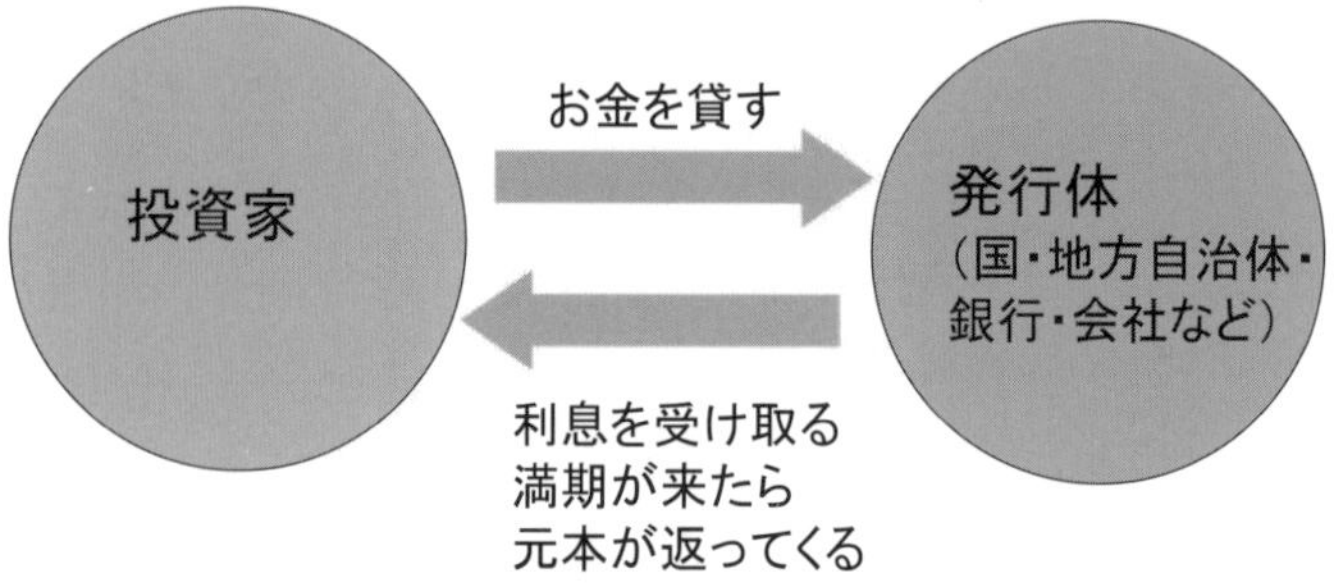


〔債券の格付け・リスク・利率の関係〕

| 格付け | リスク | クーポン利率 |
|---|---|---|
| 高い | 小さい | 低い |
| 低い | 大きい | 高い |

## 債券は、満期時に元本保証なので安心！

債券で資金調達したお金＝借金なので、通常は満期（償還日）が来れば、発行体から額面全額で償還（返金）されます。つまり、債券は満期まで保有すれば日本人の好きな「元本保証」に近い金融商品だと言えるでしょう。

ただし、発行体（債券の発行元）の倒産、破たんなどにより、満期になっても償還ができず「債務不履行（デフォルト）」となるリスクもあります。デフォルトになると、投資資産は返還されず、大きな損失を生じることになります。購入する債券の格付けや発行体の財政状況などをしっかり確認しておくことが大切です。

なお、国債は社債よりも安全度が高いと認識されていますが、近年では、アルゼンチン債やギリシャ債などがデフォルトに陥りました。発行体が国の場合は、その国の経済状況や政治情勢などのカントリーリスクについても十分に検討すべきです。

## ムーディーズ　長期格付

Aaa
信用力が最も高いと判断され、信用リスクが最低水準にある債務に対する格付
Aa
信用力が高いと判断され、信用リスクが極めて低い債務に対する格付
A
中上位と判断され、信用リスクが低い債務に対する格付
Baa
中位と判断され、信用リスクが中程度であるがゆえ、投機的な要素を含みうる債務に対する格付

Ba
投機的と判断され、相当の信用リスクがある債務に対する格付
B
投機的とみなされ、信用リスクが高いと判断される債務に対する格付
Caa
投機的で安全性が低いとみなされ、信用リスクが極めて高い債務に対する格付
Ca
非常に投機的であり、デフォルトに陥っているか、あるいはそれに近い状態にあるが、一定の元利の回収が見込める債務に対する格付
C
最も格付が低く、通常、デフォルトに陥っており、元利の回収の見込みも極めて薄い債務に対する格付

注：ムーディーズはAaからCaaまでの格付に、1、2、3という数字付加記号を加えており、1は債務が文字格付のカテゴリーで上位に位置することを示し、2は中位、3は下位にあることを示します。

https://xn--ja-b73axdvc4h29a.ratings.moodys.io/ratings

## 利息とリスクは比例する

一般に、利息はリスクの高さに比例します。

信用度の高い発行体は、破たんリスクが低いため利率も低くなり、逆に信用度が低い発行元の場合は、破たんリスクが高いため利率も高く設定されます。

この信用度を計る指標となるのが、格付け機関による格付けです。

格付けとは、債券を発行する発行体の事業環境や財務状況などを格付け業者が分析し、利息や元本の返済能力（信用力）をランク分けしたものです。

日本には、日本格付研究所（ＪＣＲ）や

格付投資情報センター（R&I）など、7社が存在しており、海外の機関では、ムーディーズやスタンダード&プアーズ（S&P）などが知られています。

例えばスタンダード&プアーズ（S&P）の場合は、トリプルAを最高とするランクが設定されており、BB以下はリスクが高く非投資適格（投機的）という位置づけになります。

なお、日本の有名企業のドル建て社債が高利回りで話題になることがありますが、海外基準では格付けが低く非投資適格なこともありますので、注意が必要です。

## 利率と利息、利回りの関係

債券購入時には利率、利息、利回りと似たような言葉が出てきますが、それぞれ本書では次のように定義します。

利率（年利率）・・・額面金額に対し毎年受け取る利子の割合のこと（表面利率ともいいます）。年に何%、クーポンがつくかを表します。

年利率3%の債券（額面金額100万円）を100万円分購入した場合

額面金額100万円×年利率3%＝3万円、1年あたりの利息は3万円

購入から3年後に売却する場合

103万円で売却すると・・・

売却金額103万円ー購入金額100万円＝値上がり利益3万円
購入金額100万円×年利率3%×3年＝3年間の利息9万円
⇒ 3年間の収益12万円

1年あたりの収益4万円÷購入金額100万円＝4%　利回り＝4%

利息・・・元本に追加して受け取れるお金。元本×利率で計算します。

利回り・・・投資した元本に対しての利益の割合を年率換算したもの。売却損益も含めて計算します。

一般的な債券は、保有期間中は決まった利息を受け取ることができ、満期（償還日）には額面金額で償還（返金）されます。

既発債（期間途中で売られた債券）を購入する場合は、購入価格により利回りが異なります。債券の利率はあらかじめ設定されていますので、価格が上がれば利回りが下がり、価格が下がれば利回りは上がります。

## 政策金利と債券価格の関係

政策金利と債券価格の関係をご説明します。政策金利とは、各国の中央銀行が金融政策において使用する短期金利のことです。一般的に、この政策金利が上がると既発債の価格は下がります。言い換えれば政策金利が上がると債券の利回りも上昇します。

政策金利が上がると、投資家はより金利の高い金融商品に乗り換えるために、金利上昇前に購入した既発債券を売却します。そのため市場の債券の価格は下がるのです。（債券価格が下がっても、その債券の満期時の額面金額とクーポンは変わらないため利回りは上昇します）

政策金利が下がると、これとは逆の現象が起こります。既発債券の利回りが高い場合は、価格は政策金利に釣り合うまで、額面以上に値上がりすることもあります。

また、満期までの期間が長い債券ほど、価格は金利の影響を受ける度合いが大きくなります。

## 債券は、途中で売買できる

債券は、証券会社などで購入することができます。

新規に発行される債券を「新発債（しんぱつさい）」と呼びます。新発債は、額面金額で募集されることが多く、購入時に額面金額を払い込みます。

また、購入した債券は満期まで待たずとも途中で売却が可能なものがほとんどです。このように既に発行された債券で、途中で売買され市場に出ているものを「既発債（きはつさい）」といいます。

既発債は市場での売買なので価格が変動しますが、額面金額で償還されますので、購入価格で利回りと最終利益は確定します。

# 2 他の投資との比較

ここまで、ざっと債券の基礎知識についてご説明いたしました。他の投資手法との比較についても簡単に触れておきます。

## FX

FXは「Foreign exchange＝外国為替」の略で、正式名称は「外国為替証拠金取引（がいこくかわせしょうこきんとりひき）」といいます。為替レートの変動を利用し、差益を獲得することを目的とした金融商品です。２つの通貨の組み合わせで、安く買って高く売る、もしくは高く売って安く買うことで、差益を狙います。

FXでは、上限25倍のレバレッジをかけることが可能です。少ない資金で大きな差益が狙える一方で、わずかな値動きでロスカットされ、投資資金を失う危険性もあるハイリスクハイリターンな投資であるため、注意が必要です。

## ＮＩＳＡ

通常、株式や投資信託などの金融商品に投資をした場合、これらを売却して得た利益や受け取った配当に対しては約20％の税金がかかります。ＮＩＳＡは、「ＮＩＳＡ口座（非課税口座）」内で、毎年一定金額の範囲内で購入したこれらの金融商品から得られる利益が非課税になる、つまり、税金がかからなくなる制度です。（金融庁ＨＰより）

利益に対しては非課税メリットがありますが、損失が出た場合には控除などの救済措置はありません。

## iDeCo

iDeCoとは、公的年金（国民年金・厚生年金）とは別に給付を受けられる私的年金制度の一つです。公的年金と異なり、加入は任意で、加入の申込、掛金の拠出、掛金の運用の全てをご自身で行い、掛金とその運用益との合計額をもとに給付を受け取ることができます。公的年金と組み合わせることで、より豊かな老後生活を送るための

一助となります（厚生労働省ＨＰより）

メリットとしては、税制優遇が受けられる点です。掛金は、全額所得控除の対象と、運用で得た収益も非課税です。

デメリットとしては、資金の拘束性が強く、原則中途解約はできず受け取りは、原則60歳（拠出期間が10年以上）か、最長で65歳からです。また、毎年口座管理料や手数料が必要な点にも注意が必要です。

## 株式投資

投資の代表格として挙げられるのが、株式投資です。株式とは、企業が事業資金を集めるために発行する証券です。資金集めを目的に発行されるという点では債券と似ていますが、債券の購入者が企業にお金を貸している（債権者）であるのに対し、株式の購入者は株主として、その会社の出資者（オーナー）の一員となり、株主総会で議決する権利（議決権）や、持ち株に対して配当金や株主優待を受け取る権利などを得ます。

上場している企業の株式は、株式市場で売買されます。株価が安いときに購入し、値上がり後に売却すれば、売却益（キャピタルゲイン）を得ることができます。

## 投資信託（ファンド）

投資信託とは、投資家から集めたお金を、運用の専門家であるファンドマネージャーが株式や債券などに分散投資・運用する金融商品です。投資信託ごとに、投資方針や投資対象が決まっており、詳細は目論見書で確認することができます。

投資信託の運用成績は市場環境などによって変動し、基準価格は日々変動します。運用成績によって、分配金が増減されることもあります。

投資信託のメリットとしては、通常、複数の銘柄や資産を投資対象としているため、自動的に分散投資ができること、小口化されているので比較的少額から気軽に購入できることなどがあげられます。

デメリットとしては、信託報酬料や手数料などのコストがかかることと、相場により分配金や基準価格が上下するため、収益が読めないところがあげられます。

# Column

## 実際にはいくら利息が入るの？ 利息収入の計算方法

私が「お宝社債」と呼んでいる、利回り9%のドル建て社債（発行体は世界トップクラスの保険会社）があります。

「利回り9%」と聞くと「毎年9%の利息が入るの？」と思われるかもしれませんが、そうでないケースもあります。債券の利回りには「直接利回り（投資額に対して年間で受け取れる利息の割合）」と「最終利回り（これまで受け取った利息と償還益を合わせた最終的な利回り）」の2種類があるからです。

| 利回り9%のお宝社債 | | |
|---|---|---|
| 利率　3.2% | 価格　80 | 売買単位　20万ドル |
| 直接利回り　4% | 最終利回り　9% | 残存期間5年 |

●利率（額面金額に対して年間で受け取る利息の割合）

$$\text{利率(\%)} = \frac{\text{利息(年間)}}{\text{額面金額}} \times 100 \quad \text{最終利回り(\%)} = \frac{\text{利息(年間)}}{\text{額面金額}} \times 100$$

●直接利回り（購入金額に対して年間で受け取る利息の割合）

$$\text{直接利回り(\%)} = \frac{\text{利息(年間)}}{\text{購入金額}} \times 100$$

●最終利回り（利息合計と償還差益を含めた、最終的に受け取る利益の割合）

$$\text{最終利回り(\%)} = \frac{\text{利率} + \dfrac{\text{(償還価格}-\text{購入価格)}}{\text{残存期間}}}{\text{購入価格}} \times 100$$

例えば、利率が9%、価格が100という条件のドル建て社債であれば、確かに毎年9%の利息を受け取ることができます。そして満期時に償還金として100でそのまま戻ってきます。このケースでは直接利回りも最終利回りも9%です。ただし、このような利率のドル建て社債で高格付けのものは、私が知る限り市場に存在していません。

私がご紹介している利回り9%のドル建て社債の場合は、受取利息の合計と償還差益を含めて計算した、最終的に受け取る利息の割合（最終利回り）が、9%になります。

利率は3.2%、価格が80、残存期間5年、直接利回りは4%になります。

計算方法　3.2（年間の利息）÷80（購入価格）×100＝4%

では、このお宝社債を購入するには、いくら必要でどのくらい収益を得られるのか、試算してみましょう。

この社債の売買単位は20万ドルなので、額面20万ドルの社債を価格80で購入する場合、必要金額は16万ドル（約2160万円）。受け取れる利率は3.2%、投資金額に対する直接利回りは4%で、利息収入は年間6400ドル（税引後約5120ドル、約69万円）となります。

そして満期を迎えて償還される際には、価格80だったものが額面100になって戻ってきますので、16万ドル（2160万円）が20万ドル（2700万円）と、元本部分が25%増えることになります。なお、償還益の部分には約20%の税金がかかりますので、税引後の手残りは約19万2000ドル（約2592万円）です。

投資した期間5年間の累計利益（利息収入プラス償還益）は、16万ドル（2160万円）に対して約57600ドル（約777万円）になります。

| 利回り9%のお宝社債　概要 | | |
|---|---|---|
| 利率　3.2% | 価格　80 | 売買単位　20万ドル |
| 直接利回り　4% | 最終利回り　8% | 残存期間　5年 |

| 利回り9%のお宝社債　運用イメージ | | |
|---|---|---|
| | ドル | 円換算<br>（1ドル=135円で為替が同一とする） |
| 購入金額 | 額面20万ドル分を<br>16万ドルで購入 | 額面2700万円分を<br>約2160万円で購入 |
| 年間利息 | 6400ドル<br>（税引後 約5120ドル） | 約86万円<br>（税引後 約69万円） |
| 満期時 | 16万ドル→20万ドル<br>税引後 約19万2000ドル | 約2160万円→約2700万円<br>税引後 約2592万円 |
| 累計利益<br>（税引後） | 利息計 約2万5600ドル<br>償還差益 約3万2000ドル<br>合計 約5万7600ドル | 利息計 約345万円<br>償還差益 約432万円<br>合計 約777万円 |

## 1章まとめ

●債券とは、借金の借用証明書のようなもの

・決められた利息がつく

・債券は、満期時に額面で償還される

・利息とリスクは比例する

●債券は、期間途中でも売買できる

・利息は一定だが、既発債の販売価格が変動するため利回りは変動

・利回り＝最終利回り（受取り利息の合計＋償還益の合計から計算）

# 第2章

# 堅実で安定した金融商品の「米国債」を知ろう

# 1 米国債ってなに？

国（政府）が発行体となっている債券を「国債」といいます。本章では、米国が発行している「米国債」について基礎からご説明します。

**米国債は、世界1位の経済大国・米国が発行する債券**

国債は、公的サービス拡充や災害復興、あるいは財政赤字の穴埋めのためなどに、国が発行するものです。返済の財源は将来の国民からの税金です。

米国債とは、米国（アメリカ合衆国政府）が発行している債券です。世界一位の経済大国である米国が破綻しない限り、利息と額面金額が保証されているので、現時点では世界で最も安心安全な金融商品であるといっても過言ではないでしょう。

同時に、米国債は、世界一流通している金融商品でもあります。

〔実は間接的に皆が保有している米国債〕

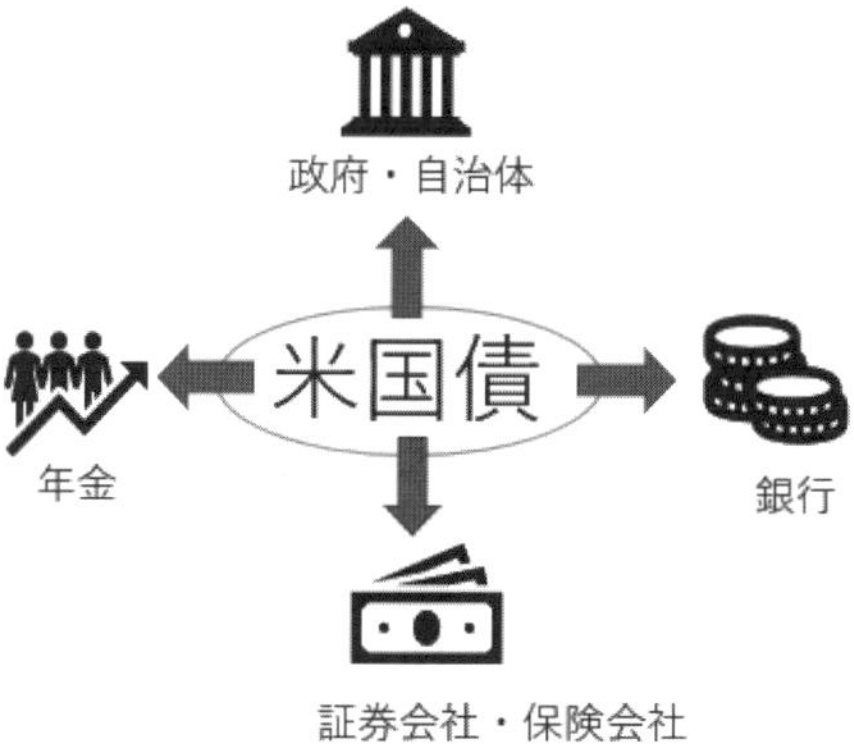


## 米国債保有国ランキング

（2022年2月）

| | 国名 | 保有額（単位：10億ドル） |
|---|---|---|
| 1 | 日本 | 1306.3 |
| 2 | 中国 | 1054.8 |
| 3 | 英国 | 625.2 |
| 4 | アイルランド | 314.8 |
| 5 | ルクセンブルク | 314 |
| 6 | スイス | 281.7 |
| 7 | ケイマン諸島 | 277.4 |
| 8 | ベルギー | 258.4 |
| 9 | 台湾 | 248.5 |
| 10 | ブラジル | 241.2 |

出典：米財務省　2月国際資本収支統計

世界の国々や自治体をはじめ、安定運用が求められる機関では米国債を保有し、資産運用をしています。

なお、日本は世界第一位の米国債保有国です。日本政府のみならず、生命保険会社や銀行、年金なども米国債を購入しているので、馴染みがないようでも、日本国民は皆、間接的に米国債を保有しているのと同じ状況だといえます。

## 米国債はコストが安い

「こんなにいい商品があるなんて知らなかった。なぜ他の証券会社では、今まで勧めてくれなかったのだろう？」

米国債をご紹介すると、多くの方がこのようにおっしゃいます。実は私も、長年保険の営業や資産運用に携わってきたにも関わらず、数年前にＦＰＬ証券様に教えていただくまで、米国債の知識はほとんどありませんでした。

米国債についての情報が知られていない理由は、一言でいえば米国債は証券会社にとって、儲からない（利益が薄い）商品だからです。

通常、株を売買すれば「売買手数料」、投資信託であれば「販売手数料」に加えて保有中の「信託報酬」がかかります。

しかし米国債の場合、米国債は購入対価に取引手数料に該当するコストが含まれており、別途の取引手数料がかかりません。また、保有期間中の管理手数料もかかりません。

購入した米国債は、「保護預かり」と呼ばれる制度で管理をしてもらえます。この「保護預かり」で預かった債券は、証券会社で分別管理され、海外の保管決済機構で実際には保管されているため、万一取引先の証券会社の経営が悪化して倒産したとしても保護されます。

この米国債のコストの安さは、投資家にとっては大きなメリットですが、証券会社にとっては、最初に少しの収入があるだけで、それ以降は長期間管理しても全く利益にならない、旨味の薄い商品です。

「儲からない米国債よりも、手数料や信託報酬で稼げる株や投資信託を売りたい」というのが証券会社の本音でしょう。

## 利付債とゼロクーポン債（割引債）

米国債の種類は、大きく分けて2種類あります。発行日から満期まで、定期的（年2回）に利息を受け取れる「利付債」と、あらかじめ満期までの利息分が割り引かれた価格で売られる「ゼロクーポン債（割引債）」です。

利付債もゼロクーポン債も、満期時には額面金額で償還されます。

私は従来、米国債を購入する場合は、利付債よりも購入金額が安い「ゼロクーポン債」をお勧めしておりました。

しかし昨今の米国の利上げで、利付債の利回りも3・5%～の水準になっています。殖やすよりもすぐに利息を受け取りたい方や、現在の利回りを長期で確定したい方、利回りよりも安全性を重視する方には、現在の米国利付債は十分魅力的な投資先だと言えるでしょう。

## ゼロクーポン債の仕組み

あらかじめ利息分が割り引かれた価格で発行され、償還時に100%となる債券で

## ゼロクーポン債とは

・あらかじめ利息分を引いた価格で販売される債券
　→利息（クーポン）がゼロなのでゼロクーポン債

・満期時には額面金額で償還される

・複利効果が得られる
　→利付債は、利払いのたびに20%課税されるが、
　ゼロクーポン債は償還時の利益に一括で課税される。
　複利効果が得られるので、同じ利回りの場合は
　ゼロクーポン債の方が手残り金額が多くなる

す。ゼロクーポン債・割引債・ストリップス債など呼び方が複数ありますが、本書では「ゼロクーポン債」で統一させていただきます。

ゼロクーポン債は、発行価格と額面額の差額が利息に相当します。そのため満期までの期間が長いほど、将来の金利分が多く引かれるため値段は安く購入することができます。

例えば２０４５年（22年後）に満期になる米国債の場合、額面１００ドルのものが44ドル程度（２０２３年６月30日時点）で購入できます。保有期間中の受け取れる利息はゼロ（ゼロクーポン）ですが、２０４５

## ゼロクーポン債・価格推移のイメージ

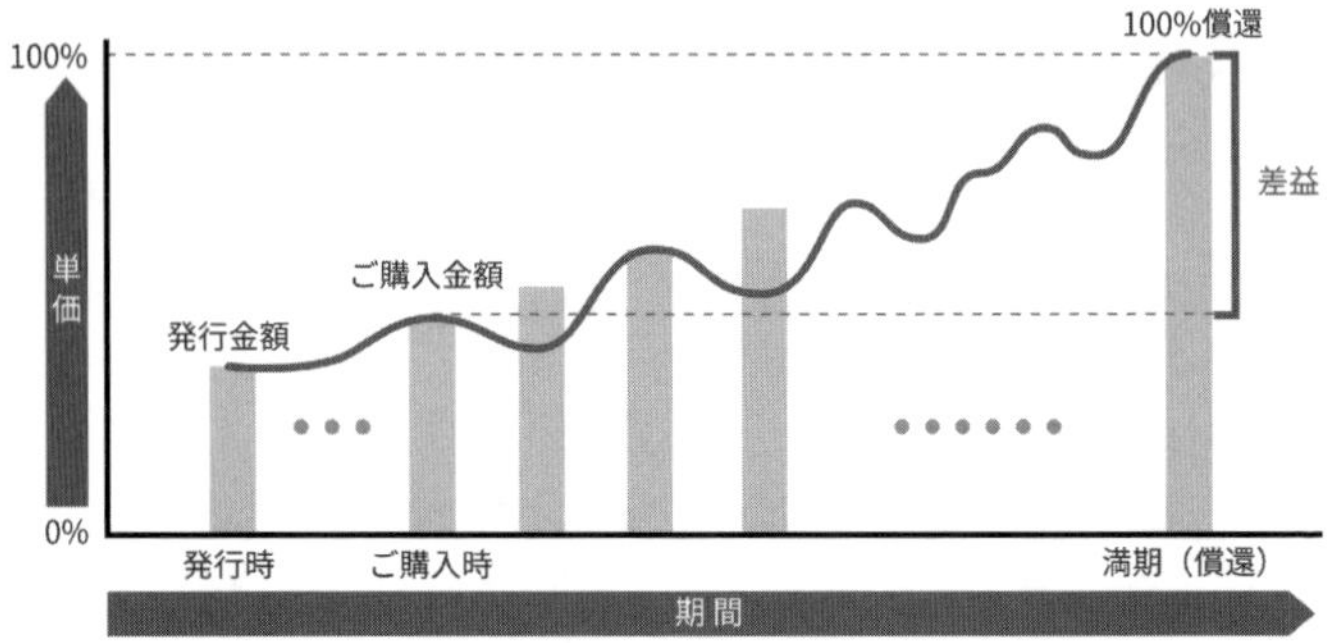


FPL証券HPより
https://fpl-sec.co.jp/uriel/

年の満期には額面１００で償還されますので、その差額が利息代わりということです。

また、ゼロクーポン債は途中売却も可能です。例えば今、満期まで30年あるゼロクーポン債を40ドルで買うと、数年持っておくと50、さらに、数年後には60というように、償還期限まで少しずつ価格が上昇すると期待できるのが、このゼロクーポン債の特徴です。

老後資金や教育資金など、将来の資産を今から作っておきたい、蓄えておきたい、という人に向いている商品になります。

## ゼロクーポン債は複利効果が得られる

利付債の場合は、利払いの都度、税金を約20%納める必要があります。一方、ゼロクーポン債では、償還、あるいは売却の時に一度だけ税金を払います。複利効果があるので、同じ利回りでも手取りの金額はゼロクーポン債の方が多くなります。

## 米国債の長短利回り

米国債の価格は、米国の政策金利に影響されます。アメリカは物価の上昇を抑制するために政策金利を段階的に引き上げており、米国債の利回りも上昇しています。通常、長期金利は時間的リスクなどを織り込むため短期金利より高くなるものですが、米国の急激な利上げに伴い、短期金利（2年国債利回り）が長期金利（10年国債利回り）を上回る逆イールドと言われる状態が続いています。

なぜこのような現象がおこるかというと、インフレを抑えるために中央銀行が急激な利上げを行ったので短期国債の利回りも追随して上昇したものの、長期で見ると利上げは景気減退につながり、いずれ利下げに転じると予測されているため、長期債の

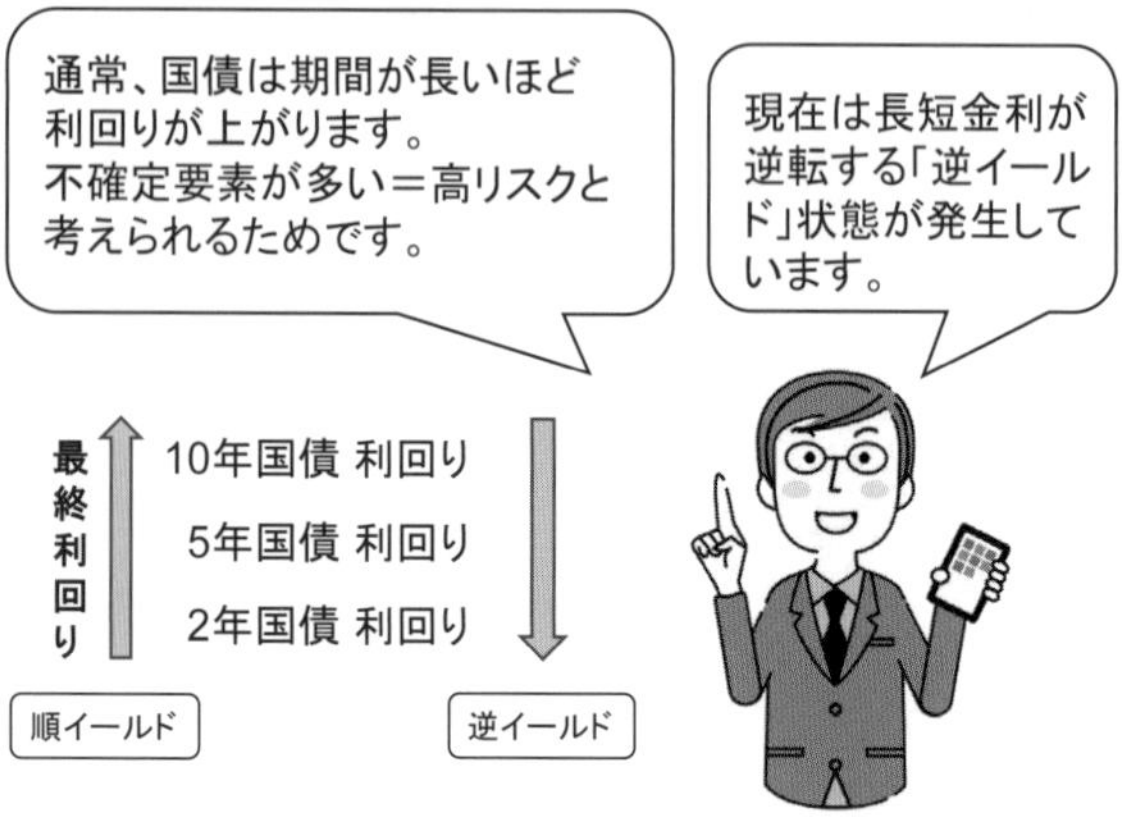


## 順イールドと逆イールドにみる市場心理

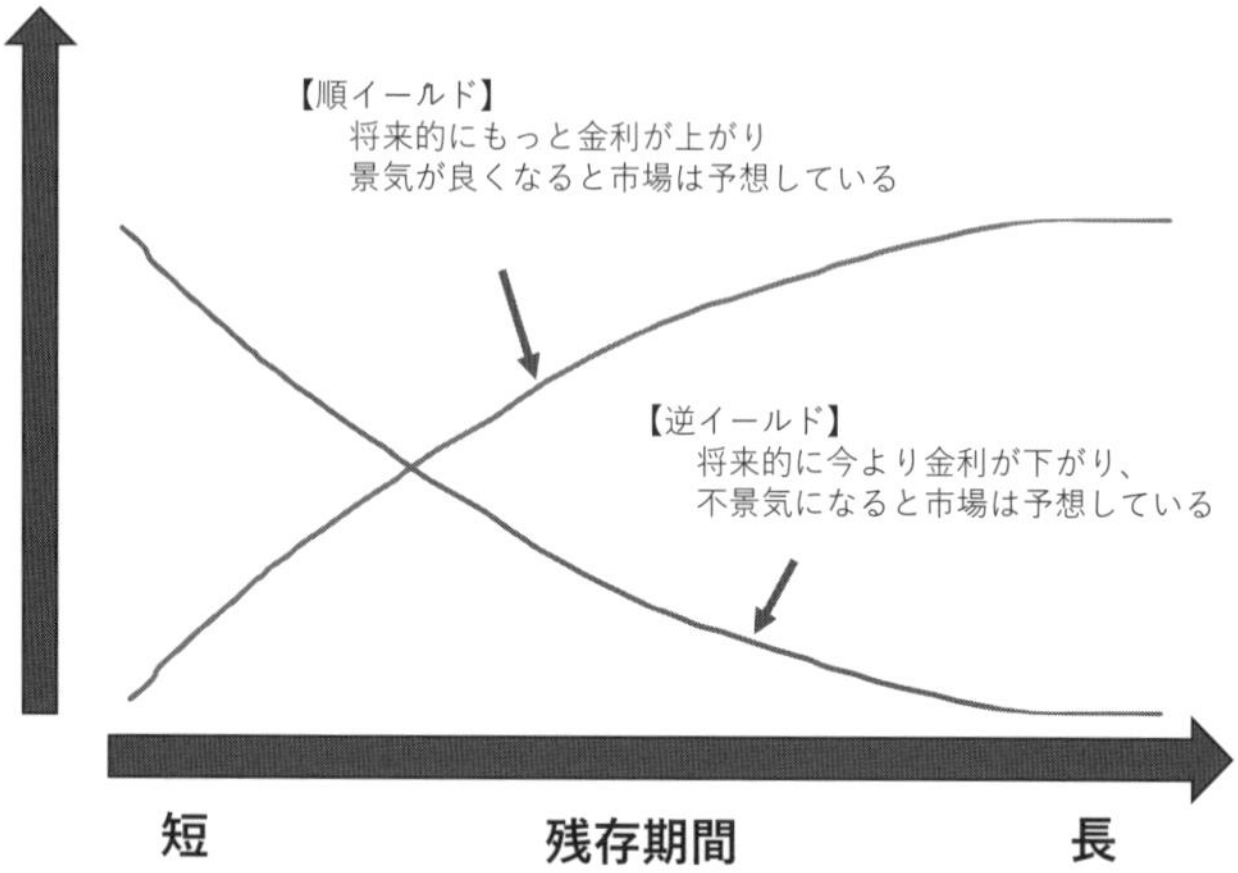

# 能登清文の活動・事業内容

本書をご購読いただき誠にありがとうございます。文中でお伝えした通り、私は個人様、経営者様、事業者様、企業様などこれまで1500人以上の資産運用をお手伝いさせていただいてきました。もし、本書をお読みになり生涯安心できるお金との付き合い方にご関心を持たれた方はぜひお気軽にご相談ください。皆さまのために全力でサポートさせていただきます。また、米ドルをはじめ、資産運用についてのセミナーや講演の講師もお引き受けしております。私は滋賀県在住ですが、北海道から九州まで講演の実績があります。こちらもぜひお声がけください！

## 個人様（経営者様）サポート

●トータルライフ（ファイナンシャル）プランニング
・米ドル、米国債、社債などの安定利回りでの資産運用
・保険見直し　・相続税対策　　ほか

## 法人サポート

●100年企業創りトータルサポート
・米ドル、米国債、社債などを用いた資産運用や資金調達
・純資産増加、資産防衛　・保険診断・最適化　・役員、従業員退職金積立
・事業承継対策（自社株対策）　・従業員の保険見直し　　ほか

## 講師活動・執筆活動

・著書7作出版（2016年〜2023年）
・米ドル、米国債、社債などの資産運用　・ライフプランニング
・人間繁盛、商売繁昌　・リスクマネジメント（保険最適化）

## 能登清文へのお問い合わせ

※ご相談、サポートは、通常は紹介のみで対応をさせていただいています。
お問合せ時には「米国債の本を読んだ」と必ずお伝えください。

**株式会社クオリティライフ（滋賀県草津市）**
**ホームページ：http://www.q-life.co.jp/**

**ご相談・お問合わせはLINE公式から受けつけております。**

◇能登清文 LINE公式（【お金の学校】のとチャン）
【ID：@notochan】

※QRコードでLINEの友だちを追加
LINEアプリの友だちタブを開き、画面右上にある追加ボタン>
［QRコード］をタップして、コードリーダーでスキャンしてください。

価格が下がりにくくなっているからです。そのため逆イールドの出現は景気悪化のサインだとも言われています。

不景気や株価暴落の際には安定資産である米国債が買われる傾向がありますので、私は逆イールドの発生は、長期米国債の買い場であるとみています。

## 米国債3つのリスク

いいところばかりのような米国債ですが、リスクが3つあります。

改めてご確認の上、このリスクを許容できるか良く考えていただく必要があります。

### ①為替リスク

ドル円の為替は常に変動していますので、円換算した場合の資産額が上下する為替リスクがあります。

例えば、米国債を売却して使いたい時に購入時より円高になっていると為替差損が出て日本円換算した時にマイナスになる可能性もあります。１ドル＝１３５円の為替レートで10万ドル分を１３５０万円で購入したと仮定します。

米国債を売却する時に12万ドルに殖えていても、１ドル＝１００円の円高になっていた場合、１２００万円となり日本円としての資産額は目減りする可能性があります。

このような円高の時は、手持ちの日本円を使い米国債は米ドルのまま保有しておくことをお勧めしています。

**②途中売却の際の損失リスク**

満期になるまで持てば額面で償還されますが、途中売却する場合、市場価格の変動により損失となるリスクがあります。

例えば、額面１００ドルの米国債を60ドルで購入し、１年後に売却した時に価格が55ドルに下がっていた場合、５ドル（約８％）の損失となります。

**③米国債の破綻リスク**

発行体であるアメリカ合衆国が財政破綻した場合、米国債がデフォルトするリスクがあります。その可能性はゼロとは言えませんが、個人的には、世界一の経済大国・米国以上にデフォルトリスクが低い国はないと考えています。

# 2 米国債の購入方法

米国債は国内の様々な証券会社で取り扱いがあります。

まずは米国債を取り扱っている証券会社の口座を開設します。

なお、口座開設には1～2週間ほど時間がかかります。相場の急変時に慌てて口座開設を申請しても間に合いませんので、先に口座だけでも作っておくことをお勧めします。

**口座開設までの流れ**

・証券会社に口座開設を依頼
・申込書類に記入、必要書類※と共に提出

※「マイナンバー（個人番号）の確認できる書類」「本人確認書類」のご提出が必要になります。

# 口座開設の流れ

証券会社のHP、店頭、電話などで口座開設を依頼

↓

証券会社より申込書類が郵送される

↓

申込用紙に署名、捺印

↓

申込書と本人確認書類などを返送

↓

口座開設完了

↓

ご入金、お取引開始

※各証券会社により口座開設方法は変わりますので
詳しくはお問い合わせください。

**・入金**

口座が開設できたら、購入資金を証券会社に振り込みます。

ドル預金、ドルＭＭＦなどでドルを持っていれば、そのドルを振り込むことも可能な証券会社が多いです。

日本円の場合、米国債を購入する際にドルに両替する必要があるため為替手数料がかかります。手数料は証券会社によってまちまちですが、１ドルにつき片道25銭〜50銭くらいのところが多いようです。

**・注文**

注文方法は、ネット証券会社の場合はネット画面から自分で購入、一般の証券会社の場合は、電話で注文します。購入には一括と積み立ての二種類があります。

**一括購入する場合**

米国債は、証券会社によって決まっている「最低購入金額」以上の金額で購入します。１０００ドル、１万ドルなど会社によってさまざまです。

なお、私はFPL証券会社という、北海道の証券会社の金融商品の仲介業者をしておりますが、こちらの会社の米国債の最低購入単位は額面1万ドルです。

## 積み立てで購入する場合

FPL証券では、毎月1万円から米国債を積み立て購入することもできます。米国債の毎月積み立てができる証券会社は、日本ではおそらくこのFPL証券だけだと思います。

積み立ての場合、ドルコスト平均法で為替や価格の動きを平準化でき、効率的な投資ができるメリットがあります。また、米国債の金利の力で、より効率的に殖やしながら貯めることができます。

ちなみに私のお客様の場合は、最初に額面1万ドル単位で米国債を一括購入していただき、その後、毎月一定額を積み立てていく方が多いです。

ご興味のある方はぜひお気軽にお問い合わせください。

## どこの証券会社から購入するか

米国債は国内の様々な証券会社で取り扱いがありますが、どこの証券会社から購入するかも重要です。

ネット上で米国債を売買できる証券会社もありますが、ネット証券を選択するメリットには、利便性以外に売買手数料の安さや管理費の安さなど、コストの優位性があると思います。しかし米国債の場合は、そもそも手数料や管理費がかからない（販売価格に含まれている）ので、コストの優位性はありません。

米国債を一度買って満期（償還日）まで持つなら、どこの証券会社で購入しても同じかもしれませんが、期間中に売買する可能性があるなら、相談できる担当者がいる証券会社を選択された方が良いのではないかと思います。

また、タイミングを見て米国債を売却しドル建て社債に買い替える「能登式」の投資法を実践する場合、乗り換え先となるドル建て社債の情報を提供してもらえる証券会社を選択することも大切です。

米国債やドル建て社債の既発債は、株や投資信託と違って各証券会社が同じ商品を売っているわけではありません。証券会社で在庫として保管しているものを販売しているケースがほとんどで、在庫がなくなれば購入できません。

前回のコロナショックの時には、価格が大きく下落したため利回りが急上昇した社債もありました。そのため買い注文が殺到し、一時は売り物がなくなるという事態に陥ってしまいました。

ネット証券の場合は、サイト上に掲載している銘柄からしか選べません。そのためコロナショック時のようなチャンスに、高利回りの社債を注文することは難しかったと思います。

私は一番利回りが伸びるタイミングと方法で売買して「守りながら殖やす」方針なので、お客様には売り時・買い時のタイミングや銘柄などをアドバイスさせていただいております。

ネット証券の場合
- ネットに掲載された銘柄のみ
- 債券を扱う証券会社が少ない
- 売買は自己判断

能登式の場合
- ご相談者様に最適な債券プランをご提案
- 投資アドバイスや相談可能
- 金融業界20年の経験から豊富な成功事例を紹介

## 3 米国債・購入後のシナリオ

米国債購入後は、次のようなシナリオがあります。

**①保有する**

一括購入や積み立てで米国債を継続的に購入し、殖やしながら貯めていきます。満期まで保有すれば、額面の金額を受け取ることができます。

**②米国債を買い替える**

米国債の価格と残存期間は正比例しているわけではなく、その時の相場や需給に左右されます。米国債は、満期までの残存期間が10年を切ると利回りが低下する傾向があるため、従来の能登式では、投資効率をあげるためタイミングをみて売却，買い替えを検討していました。

しかし近年では米国債の長短金利の逆転（逆イールド）が発生しており、長期で保有する方が有利な場合もあるので、状況を見てご判断ください。

### ③売却

金融危機などが発生し米国債の価格が急騰した場合、一旦売却して利益を確定します。その際に購入できるだけの資金があれば、金融危機で価格が下落し利回りがアップしたドル建て社債を購入するのがおすすめです。

なお、通常時であっても、米国債である程度資産が貯まった後は、より利回りの高いドル建て社債に買い換えして満期まで保有し、利息収入を得てゆとりある生活を楽しんでいただくというのが、能登式のお勧めするゴールです。

それでは次ページから、実際の購入事例をご紹介していきます。

# 4 米国債・購入事例

●20年間コツコツ積み立てながら老後資金を作った事例

【年齢】40才　会社員
【運用目的】老後資金
【問い合わせのきっかけ】
『【お金の学校】のとチャン』（YouTube）

## 2000万円を40才から準備するには？

**40歳～60歳までの20年間**

- 米国債（ 3.5%複利）で毎月5万円積み立て
- 20年で元本1200万円→約1627万円(税引後）

**60歳～65歳までの5年間**

- ドル建て社債（年利6.0%）で、5年間運用
- 5年で約1627万円→約2017万円（税引後）

**65歳から～**　2000万円をドル建て社債（年利5.0%）で運用

**月　約6.6万円の利息収入！**

（金融庁の資産運用シミュレーションで試算）

現在40歳の会社員の方で、これから老後資金を準備したいというご意向です。現役世代の60才までの20年間は、毎月5万円分米国債（複利3・5%）を積み立て、60才から65才までは貯めた資産をドル建て社債（年利6・0%、価格100）で運用するという前提でシミュレーションしてみました。

20年後、元本1200万円に対し、税引き後の手残りは約1627万円になっています。この資金をドル建て社債（年利6・0%）で5年間運用すると、65才で目標の2000万円を貯めることができます。

この2000万円を、ドル建て社債（年利5・5%）での運用を継続すると、年間100万円（税引後約80万円）、月にすると6・6万円の利息収入を得ることができます。

## 資金500万～の事例

【年齢】ご夫婦（夫35歳、妻30歳）

【運用目的】将来の教育資金

【問い合わせのきっかけ】

書籍『世界一堅実な〝米ドル〟投資の教科書』を購入

【投資方針】今ある貯金を殖やして、２人分の教育資金にしたい

【投資内容】全てゼロクーポン債　２０４０年償還　価格56ドル

【投資結果】17年後、１・７倍の１０００万円に

現在のご夫婦の貯金６００万円を、将来の教育費のために増やしておきたいということで、米国ゼロクーポン債をご購入いただいた事例です。

米国ゼロクーポン債というのは、利息分をあらかじめ割引して販売されている米国債です。お子さんの大学入学に合わせるために、17年後に満期を迎える２０４０年償還のゼロクーポン債を選択しました。

ドルベースで満期時に約１・７倍になりますので、為替が同額だと仮定した場合、ちょうどお子様２人の大学費用、１０００万円を用意できることになります。

**６00万円の貯金を運用**
**2人分の大学費用1000万円に**

17年後に満期を迎える2040年償還の
ゼロクーポン債を選択

ドルベースで満期時に1.7倍に

600万円→1000万円

※為替レートが1ドル=135円で同一の場合

現在（２０２３年６月30日時点）の価格ですと、20年もので１００ドル額面のものが大体50ドル弱で購入できます。お子さんが生まれたタイミングなどで買っておかれると、20年後、成人される頃にほぼ倍になります。

## 資金1000万円～の事例

【年齢】40代　共働きご夫婦

【運用目的】老後資金

【問い合わせのきっかけ】

『【お金の学校】のとチャン』（YouTube）、

『世界一安全な〝米国債〟投資の教科書』（著書）

【投資方針】今の利息は不要

【投資内容】全てゼロクーポン債　２０４５年償還　価格44ドル

【投資結果】65才時点で２・２倍に

**1000万円の貯金を運用**
**老後資金2200万円に**

22年後満期のゼロクーポン債を選択

→ドルベースで満期時に2.2倍に

1000万円→約2200万円

※為替レートが1ドル=135円で同一の場合

40代で、共働きをされているご夫婦です。普段の生活は、ご夫婦の収入で十分まかなえるので、現在の貯金を老後資金として殖やしたいというご相談を頂きました。

お勧めしたのは、米国債のゼロクーポン債です。２０４５年償還の米国債の場合、定期的に利息を受け取れる利付債の場合は、大体ドルベースで90％ぐらい殖えるのですが、ゼロクーポン債にすると１２０％ぐらい殖えます。これは利付債が、利息の受け取りごとに課税されるのに対し、ゼロクーポン債は複利効果を得ることができるためです。

40歳前半のご夫婦なので、65歳ぐらいのときに満期が来て、現在の資金が２・２倍になるということで、米国債ゼロクーポン債、44ドル（２０２３年6月30日現在）を１０００万円分ご購入いただきました。償還時の為替レートが同一だと仮定すると、償還時に２２００万円ぐらいになるので、老後資金２０００万円という目標もクリアできることになります。

もう一つ、米国債のメリットとしては、相場が荒れたときに他の資金のリスクヘッジになるという点があります。例えばリーマンショックやコロナショックなど、株が大暴落したタイミングでは、米国債は大幅に価格が上昇しました。これは安定資産として米国債に株などを売却した資金が流入するためです。

もし今後も、○○ショックと名付けられるレベルの株の暴落がおきると、米国債は値上がりする可能性が高いので、一旦売却してキャピタルゲインを得るもよし、何もなければ満期まで保有して2倍に殖やすもよし。この二つの安心感がありますので、ゼロクーポン債をご購入いただいたという状況です。

## 資金3000万円～の事例

【年齢】60才　ご夫婦
【運用目的】退職金の運用
【問い合わせのきっかけ】
　著書『世界一堅実な〝米ドル〟投資の教科書』を購入
【投資方針】老後資金、安全性重視
【投資内容】全て長期の米国利付債　22年　利率2・5％
　直接利回り3％　価格80ドル　最終利回り3・8％
【投資結果】月あたり約6万円の利息収入で年金の足しに。
　満期時には額面での償還になるのでさらに20％殖える

## 3000万円の貯金を活用
## 低リスクで利息収入を得たい

22年後満期の米国利付債（利回り3%）を選択
額面100ドルを80ドルで3000万円分購入

**→月に約6万円（税引後）の利息収入**

→満期時 20%UPの約3600万円に

（※為替レートが1ドル=135円で同一の場合）

定年退職されたお客様からのご相談です。退職金２０００万円とこれまでの貯金を合わせると、約４０００万円の資産をお持ちです。１０００万円は預貯金で持っておき、残り３０００万円を運用したい。なるべく低リスクで安定性を重視したい、とのご意向です。

ドル建て社債の方が利回りは高いのですが、奥様が「社債はその企業任せになるので不安だ」ということで、最終的に全額を米国利付債（22年、利回り３・８%、価格80ドル）にすることになりました。

米国債は年に2回利息が出るので、半年に1回約36万円（税引後）、月にして約6万円くらいが手取りで入ってきます。

今はご夫婦ともに60歳で、これから83歳ぐらいまでの間、ずっとこの利息収入が入ってくるので、「これから安心して、利息を楽しみにします」と喜んでいただきました。米国債であれば購入時点で利回りが確定し、あとは何もする必要はありません。万一ご主人が先に亡くなった場合でも、奥様がその米国債を引き継いで毎年利息を得ることができますので、その点でも非常に安心です。

## 資金5000万円～の事例

【年齢】60代
【運用目的】できるだけ安心安全な運用で年金代わりに
【問い合わせのきっかけ】『週刊ダイヤモンド』取材記事より
【投資方針】老後資金、安全性重視
【投資内容】全て長期の米国利付債　22年　利率2・5％
直接利回り3％　価格80ドル　最終利回り3・8％
【投資結果】月あたり約10万円の利息収入で年金の足しに。
満期時には額面での償還になるのでさらに20％殖える

**5000万円の貯金を活用**
**安定した利息収入を得たい**

22年後満期の米国利付債（利回り3%）を選択
額面100ドルを80ドルで5000万円分購入

**→月に約10万円（税引後）の利息収入**

→満期時 20%UPの約6000万円に

※為替レートが1ドル=135円で同一の場合

『週刊ダイヤモンド』の「シニア向けの資産運用」という雑誌をきっかけにYouTubeをご覧いただき、私の6作目の本も買っていただいて、ご相談にいらした方になります。

できるだけ安心安全な運用で毎年の利息を確保したい。今、非常に利回りが高いタイミングと聞いているので、できるだけ長く高金利で確定させたい、というご希望がございました。

結果的に、米国利付債（22年）をご購入いただきました。５０００万円分ご購入されると、毎年約１５０万円の利息が22年間、85歳まで入ってきます。税引き後でも年間約１２０万円、月にすると約10万円の利息収入です。

今は63歳でまだ現役で働いておられますが、65歳以降は年金が入ってくるので普段の生活費は年金で賄い、利息収入で旅行や趣味を楽しみたい、22年間も利息収入が確定しているので非常に安心だと、とても喜んでいただけました。

くわえて満期を迎えると額面償還になるので、約20%殖えて戻ってきます。為替が同一なら、５０００万円が６０００万円になるという形です。使いながら殖える、理想的な形ではないでしょうか。

Column

## 米国債で生前贈与

大切なお子様やお孫さんに、できるだけ資産を残してあげたいというのは親心です。このコラムでは、米国債（ゼロクーポン債）を使って、より多くの資産をご子息に生前贈与する方法をご紹介します。

**米国債（ゼロクーポン債）を使った生前贈与**

①証券会社に子ども名義の口座を開設

②ご子息名義の銀行口座へ入金

③ゼロクーポン債購入

⇩

10年後、20年後などに、ご子息の結婚資金、住宅購入資金等に活用

①ご子息の名義で、銀行口座と証券口座を開設
②ご子息の銀行口座に入金（贈与の金額に応じて贈与税の申告が必要）
③ご子息の銀行口座から証券口座に入金、または積み立てで、米国債のゼロクーポン債を購入

ご子息に贈与したお金は、ゼロクーポン債の場合、20年後満期のものでほぼ2倍（ドルベース）、27年後満期のもので約2.5倍（ドルベース）になります。（2023年7月10日時点）

利息がゼロの日本の預貯金に置いていても、資産は全く増えません。少しずつゼロクーポン債で生前贈与しておけば、ご子息は将来大きく殖えた状態で受け取ることができます。相続税対策としても有効です。

## 2章まとめ

●米国債は、世界1位の経済大国・米国が発行する債券

・利息が支払われる利付債と、あらかじめ利息分が引かれたゼロクーポン債がある

●米国債は、証券会社で購入できる

・ネット証券よりも、債券に強い証券会社がお勧め

・購入手数料や口座管理手数料などはかからない

●米国債は、株の暴落時に上がる傾向がある

第3章

# ブーム到来！
# 高利回りの
# 「ドル建て社債」を知ろう

# 1 高利回りが注目を集める「ドル建て社債」

私のお客様には、退職金や相続で得た資金の運用を目的とする60代以上のシニア層の方もたくさんいらっしゃいます。投資初心者が多く、株や投資信託には不安があって踏み出せない。そんな堅実で慎重な方々が、私のYouTube動画や書籍を通じて「ドル建て社債」の魅力を知り、運用をスタートされています。

ドル建て社債は米国債よりも利回りが良いのが利点で、米国利上げの影響で利回りも上がっています。中には利回り6％以上の「お宝社債」もありますので、非常にスタートするのに良いタイミングだといえます。

本章では、そんな「ドル建て社債」について基礎からご説明します。

## ドル建て社債とは

「ドル建て社債」とはドル建てで発行された「社債」のことです。「社債」とは、先ほどの国債と同じく、ある企業が資金調達のために「債券」を発行し、投資家からお金を借りるものです。決められた利息が付き、期日がくれば額面金額で償還（返金）されます。

同じ会社でも、円建て、ユーロ建て、ブラジルレアルやトルコリラ建てなど、多様な通貨建てで社債を発行するケースがあります。

ドル建て社債はけして目新しいものではなく、株などと同じように昔からあるものです。ただ残念ながら、あまり日本では知られていないという状況です。

## 「株式」と「社債」はどう違うの？

事業資金を調達するために、企業が発行する債券が「社債」です。

同じように企業が資金調達をする手段に「株式」があります。では、「株式」と「社債」は、購入者側からみてどう違うのでしょうか。

「株式」を購入すると、発行している会社へ「出資」したということになり、出資額は会社の資本に組み入れられます。株式を購入すると株価上昇によって得られる利益（キャピタルゲイン）が期待できる一方、株価が下落すれば損をするリスクもあります。株価の上下は会社の業績だけではなく、景気や相場全体の動向にも左右されます。
配当金による利益（インカムゲイン）や、銘柄によっては株主優待などもありますが、それらの値動きへの影響は限定的なことがほとんどです。

対して、「社債」はあくまでも購入者が発行体に対して貸した「貸付金」です。その企業に対する貸付金なので、満期までの期間内は決まった利息（クーポン）を得ることができ、満期がくれば額面金額が全額返済されます。つまり、企業の破たんなどがないかぎり、満期時には額面での償還が約束されている金融商品です。

## なぜ社債は国債に比べて高利回りなのか？

一般的に国や地方公共団体などに比べて、企業は経営悪化や倒産などの可能性が高く、債務不履行（デフォルト）のリスクも高いと判断されるため、その分利回りが高く設定される事が多くなります。

社債を購入する際には、格付やその会社の財務状況、経営方針などをよく確認したうえで判断しましょう。

## ドル建て社債の種類

社債にもいくつか種類がありますが、主なものは普通社債と劣後債の二種類です。

**・普通社債　※SB債（ストレートボンド債）**

一般的な社債のことで、満期が来れば額面金額で償還され、それまで決まった利息（クーポン）を受け取ることができます。

**・劣後債**

企業が破たんしたとき、投資家に対しての返済順位が普通社債よりも低い債券です。リスクが高い分、普通社債よりも金利が高く設定されています。

私が選ぶ社債は、発行体の破綻リスクが低いので、より高利回りが期待できる劣後債を購入することが多いです。

## その他の社債

・AT1債

債券と株式の中間的な特性を持つ証券のひとつ。発行体である銀行が破綻した場合には、元利金の弁済順位が普通債などより低く、投資家の抱えるリスクが大きいため、高い利回りが設定されます。元本削減、または株式転換、またはその両方の特約がついています。

・優先株預託証券

これはアメリカの金融機関が発行しているケースが多いのですが、債券ではなくて株式の1種となります。リスクとしては、高配当狙いで購入したとしても株の配当は発行体側の事情でいつでも増減や停止をすることができるという点です。

初心者の方やシニア層にお勧めなのは、普通社債になります。少しリスクを取っても高い利回りを狙いたいという方には、より高利回りになる劣後債、永久劣後債があります。ただし、発行体が格付けシングルA以上の、世界トップクラスの金融機関に限ってお勧めしています。

劣後債・永久劣後債は、この「劣後」という言葉のイメージが悪いようです。「劣後」というのは債券の内容が劣っているわけではなく、発行体が倒産したときの返済順位が劣っている、後回しになるということです。

返済順位としては、まず先に普通社債、その後に劣後債、さらにその後に永久劣後債が返済されるという形になります。

ちなみに、クレディスイスが破綻危機に陥ったときに無価値化して話題になったAT1債（COCO債）や株は、さらにその後になります。

**債券や株の返済順位**

普通社債　→　劣後債　→　永久劣後債　→　AT1債　→　株など

## ドル建て社債のメリット・デメリット

**メリット**

・預貯金や米国債などに比べて利回りが高く、それが購入時に確定する。
・満期償還時には額面で償還される。
・保有している方が万一の場合にも、資産として相続できる。

**デメリット**

・中途売却における価格リスク
・為替リスク
・発行体の倒産リスク
・売買単位が大きい

ドル建て社債固有のデメリットとしては、「売買単位が大きい」ということがあげられます。基本的に10万ドル、20万ドル単位となるものが多いです。

一部ネット証券などでは1万ドルから買える銘柄もありますが、ごく一部です。この売買単位の大きさが、気軽に購入できない障壁になっています。

**債券ファンドやETFへの投資**

今は債券の利回りが高いということで、債券ファンドや、債券のETF、米国債のETFに関するご相談もよくいただきます。

確かに売買単位の大きいドル建て社債も、ファンドであればタイミングを分けて小口で購入したり、複数銘柄が含まれているので分散投資になるというメリットはあります。

しかし、私は個人的には、債券ファンドやETFへの投資は、お勧めしていません。なぜかというと、個別の債券であれば、額面全額で戻ってくる満期償還というタイミングがあり利回りも確定しているので、保有途中に株の暴落があろうが、売買価格が上下しようが安心して持つことができます。

それがファンドやETFになってしまうと、10種類、20種類、場合によっては100種類といった多くの債券がファンドの中に入ることによって、各債券に設けられている「償還満期」という元本回収のタイミングが失われてしまいます。同時に価格変動のリスクもありますので、これでは債券に投資する意味が薄いように思えます。

## 2 ドル建て社債への投資方法

### 選び方のポイント

国債の場合は米国債一択ですが、ドル建て社債の場合は、どの企業の社債を選ぶかの選択が重要です。選び方には4つのポイントがあります。

#### 1．発行体の格付けA以上

発行体の格付けは、一般的にはトリプルB以上が投資適格とされていますが、私はシングルA以上の企業しか選びません。

それも世界2大格付け機関であるS&P、ムーディーズによる発行体格付けA以上の世界トップクラスの金融機関の社債を選択します。「もしこの会社がデフォルトに陥る時は、世界経済も崩壊しているだろう」と思うような会社です。

また、金融機関の中でも、現在は銀行ではなく保険会社の社債をお勧めしています。銀行よりも保険会社の方がより安全度が高いと判断しているためです。

なぜなら、銀行というのは長短の金利差で稼ぐビジネスモデルであり、わかりやすくいうと安い金利で預かった顧客の預金をより高い金利で長期運用して利益をあげています。

そのため、もし取り付け騒ぎが起こるとキャッシュが枯渇し破綻の危機に陥る可能性があるのです。これは昔話や杞憂ではなく、つい先日破綻したシリコンバレー銀行や買収されたクレディスイス銀行でも起こったことです。

それに対して保険会社は、短くても10年、長ければ30年、40年という長期のお金を預かり、それを長期的に運用する構造になっています。保険の満期は契約者や契約内容によりバラバラなので、一気に解約される可能性は少なく、資金の流動性でも銀行よりリスクが低いといえます。

## 2・満期までの期間10年以内

ドル建て社債も途中売却が可能ですが、基本は満期まで保有することを前提に期間10年以内の社債を選択します。この大変革の時代、事業会社よりは低リスクだと思われる金融機関、その中でもさらにリスクが低い保険会社といえども、10年以上の期間となると先行きが不透明だからです。

## 3・利回り

利率よりも利回り（最終利回り）を重視して選択します。利率とは債券の額面金額に対し、発行体から毎年受け取る利子の割合で、発行時に決められているものです。利回りとは、投資金額に対する利子も含めた年単位の収益の割合です。既発債で額面より安い金額で債券を購入した場合、利率よりも高い利回りとなります。（36ページ参照）

米国債の利回りが上がっていくと、社債の利回りも上がっていきます。基本的には同期間の米国債と比較して、0・5％以上高いこと。できれば1％以上高いものを選びます。それよりも利回りが低いのであれば、あえてリスクを取って社債を買うよりも米国債を買うことをお勧めします。

## 口座開設～入金

米国債の場合と同様、まずは証券会社に口座を開設して入金します。（参照：59ページ）

株や米国債と違い、ドル建て社債の既発債券は、各証券会社が同じ商品を売っているわけではありません。国内では扱っている証券会社が非常に限られていますが、在庫が豊富で、顧客に合わせた社債を紹介してくれる証券会社を選択しましょう。

また、私の提唱する投資法では、米国債の積み立てからスタートし、資産が増えたらより高利回りのドル建て社債に乗り換え、利息収入を得ながらゆとりある生活を送ることを目指しています。

そのため資金の移動などを考えると米国債とドル建て社債は同じ証券会社で買うのが望ましいと考えています。

# 3 ドル建て社債・購入事例

○○ショックと名付けられるような大暴落のタイミングでは、米国債は値上がりして、社債は値下がりする（利回りが上がる）という動きがみられます。

コロナショックの際に、米国債からドル建て社債へ乗り換えた成功事例を2つご紹介します。

## ●米国債からドル建て社債に乗り換えて利回りアップした事例

1人目は40才代の会社員の方です。優良企業にお勤めで高年収の方なのですが「退職後も老後の生活費として毎月40万くらいは欲しい」ということで、老後までに貯金8000万円を目指して、まずは米国債を1500万円分をご購入いただきました。

### 〔能登式成功事例1〕

40歳代の優良企業社員（豊かな老後の準備）
①コロナショックの約1カ月前に一括購入
約1500万円
⇒米国債の値段が急激に上昇、
約1800万円で売却（**20％増加**）

②社債の値段が下がる（利回り上昇）
⇒年利回り**約7％**の社債（劣後債）購入

そこから毎月の積み立てをスタートしようとした矢先、1ヶ月後にコロナショックが起こり、1500万円分の米国債は1800万円に、20％も価格が上昇しました。その売却したお金で、ちょうど利回りが7％ぐらいにあがっていたドル建て社債をご購入いただきました。

いきなり1ヶ月で20％増えて、その増えた分も合わせて利回り7％の社債を買っているので、トータルの利回りは10％以上になっています。現在も米国債の積み立てを継続しながら、この社債もお持ちいただいています。

〔能登式成功事例2〕

50歳代の経営者（老後資金積立）
①コロナショックの約1年前から
積立＆一括購入　約1500万円
⇒米国債の値段が急激に上昇、
約2000万円で売却（**32%増加**）

②社債の値段が下がる（利回り上昇）
⇒年利回り**約16%**の社債（劣後債）購入

2人目は、50代の経営者の方です。この方は法人だけではなく個人でも老後資金を準備したいということで、円だけではなくドルにも資産を分散したいと米国債の積み立てをスタートされました。

まず米国債５００万円分を二回に分けて購入、その後は毎月40万円分の米国債を積み立てして1年ほど経過し、合計１５００万円分の米国債をお持ちでした。

そんなタイミングでコロナショックが発生し、米国債価格は30%ほど上昇。２０００万円ほどで米国債を売却し、今度は下がっていたドル建て社債（劣後債）をご購入いただきました。

この方がすごいのは、たった1日だけ利回り15%を超えていた社債を購入できたことです。特にタイミングを見計らっていたわけではなく「今、ちょうど利回りが高い社債が出たのでどうですか？」とお知らせしたところ「じゃあ、米国債売って、それ買っといて！」という感じで即断即決。あとから振り返ると、それがまさにベストのタイミングだったとわかりました。

このお二人に共通するのは、運の良さと決断の速さです。運の要素はさておき、決断の速さは自分の心構え次第で鍛えられます。

〇〇ショックと呼ばれるような株価の暴落は、数年ごとに発生しています。

普段から米国債を買って準備しておき、株の暴落が起きたらキャピタルゲインを得て米国債を売却、同時に株につられて値を下げた（利回が上がった）ドル建て社債に乗り換えることができれば、投資効率は飛躍的に高まります。

## 資金1000万円～の事例

【年齢】60代　預貯金の運用

【運用目的】老後の余裕資金

【問い合わせのきっかけ】お客様のご紹介

【投資方針】利息を使って楽しみたい

【投資内容】

ドル建て社債（世界トップクラスの保険会社発行の劣後債）

【投資結果】65才時点で1・6倍に（為替差益含む）

## 1000万円でドル建て社債を購入<br>安定した利息収入を得たい

世界トップクラスの保険会社（期間5年）を1000万円で購入

利率4.5%　直接利回り5.2%　価格85ドル　最終利回り8.5%　期間5年

年間 約48万円（税引後）

月 約4万円の利息収入

満期時 約1000万円→約1350万円　35%のUP！

※為替レートが1ドル=135円で同一の場合

60代のお客様で、預貯金の1000万円を運用して利息をお小遣いにしたい、利息は少しでも高い方がいいというご要望でした。購入されたのは世界トップクラスの保険会社が発行するドル建て社債（劣後債）で、期間は5年です。

今でこそ利回り8％の社債は見つかりますが、購入当時（4～5年前）のタイミングでは、利回り8・5％はまさに「お宝社債」。たまたま株が暴落した時期に売り物が出て、即決したため購入できたのです。

## 資金3000万円〜の事例

【年齢】65才
【運用目的】退職金（3500万円）の運用で年金に上乗せしたい
【問い合わせのきっかけ】
『【お金の学校】のとチャン』（YouTube）
【投資方針】利息を使って楽しみたい
【投資内容】ドル建て社債　A社とB社に分散
【投資結果】年間117万円（月約10万円）の利息収入で、年金の足しに。満期時には額面で償還になるので、さらに20%殖える

退職金の運用目的で、YouTube動画をみてご連絡をいただきました。

60才で退職して5年間、雇用延長での勤務も終了し、いよいよ年金生活のスタートです。65から70才はまだ元気なので、趣味や遊びを楽しみたい。利回り重視で少しで

**3500万円でドル建て社債を**
**2銘柄に分散して購入**

（どちらも世界トップクラスの保険会社）

A社　額面金額20万ドル（期間5年）　2160万円で購入
利率3.2%　直接利回り4.0%　価格80ドル　最終利回り9.0%　期間5年

B社　額面金額10万ドル（期間2年）　1215万円で購入
利率4.5%　直接利回り5.0%　価格90ドル　最終利回り10.5%　期間2年

⇩

年間 約117万円（税引後）

月 約10万円の利息収入

満期時　3375万円→約4050万円　約20%のUP！

※為替レートが1ドル=135円で同一の場合

も多く年金に上乗せしたい、というご要望でした。

そこで、3500万円で2つの銘柄に分けてドル建て社債（劣後債）をご購入いただきました。額面20万ドルの保険会社A社と、額面10万ドルの保険会社B社、それぞれ期間が約5年と約2年です。

利息収入は毎月約10万ほどで、利息額にもご満足いただけました。

## 資金5000万円～の事例

【年齢】60才　学校の先生　ご夫婦

【運用目的】定年後、退職金の運用

【問い合わせのきっかけ】

日経新聞を見て、ホームページから問い合わせ

【投資方針】

70才までは利息を使って楽しみたい。多少のリスクは許容

【投資内容】

ハッピーセット（ドル建て社債A社、B社、C社）に分散

【投資結果】

年間約１７０万円（月約14万円）の利息収入で、年金の足しに。

満期時には額面で償還になるので、さらに６５０万円殖える

**5000万円でドル建て社債を**
**3銘柄に分散して購入**

（いずれも世界トップクラスの保険会社）

A社　額面金額20万ドル（期間5年）　2160万円で購入
利率3.2%　直接利回り4.0%　価格80ドル　最終利回り9%　残存期間5年

B社　額面金額10万ドル（期間2年）　1215万円で購入
利率4.5%　直接利回り5.0%　価格90ドル　最終利回り10%　残存期間2年

C社　額面金額10万ドル（期間2年）　1242万円で購入
利率4.875%　直接利回り5.2%　価格92ドル　最終利回り8%　残存期間3年

⇩

年間 約170万円（税引後）

月 約14万円の利息収入

満期時　4600万円→約5400万円　10~20%のUP！

※為替レートが1ドル=135円で同一の場合

こちらのお客様は、60代前半。まだまだ元気なので、美味しい食事や旅行、趣味などを70才まではアクティブに楽しみたい、利回りができるだけ高いほうがいいというご要望でした。

そこで、当時「ハッピーセット」と呼んでいた3銘柄の組み合わせをご提案しました。どれもヨーロッパの世界トップクラスの保険会社の発行するドル建て社債（劣後債）で、利回りも8～10％台。似た条件の社債でも、発行体を分散させたほうが安心なので、各々20万ドル、10万ドル、10万ドルを購入するプランをご提案しました。

銘柄を3つほど組み合わせ、満期までの期間や時期をずらすことで、次の運用先なども分散でき、安定的に運用しやすいというメリットがあります。

満期のタイミングによっては、償還されてお金が戻ってきたものの、利回りが下がっていて次に買える米国債やドル建て社債が見つからない事もあります。そういう場合は、ドルのMMFで一旦お待ちいただくのですが、その間は利息がほとんど受け取れないことになります。

3銘柄持っていると、1銘柄満期がきても他の2銘柄がまだ利息を稼いでくれますので、より安定的に利息を得られる結果になります。

# Column

## 一億円運用で月収30万円！

### 資産をそのまま残せた経営者の事例

資産1億円を持つ世帯は「富裕層」に分類され、全世帯の約2.5%しかいないと言われています。しかし、私の周囲ではけして珍しい存在ではなく、実際に年に100人は、運用のご相談にいらっしゃいます。

経営者の方や相続で受け継がれた方、高収入サラリーマン、中にはご夫婦共働きで、コツコツ貯めた貯金と退職金で一億円を資金とされる方もおられます。

**1億円でドル建て社債を**
**4銘柄に分散して購入**

A社　額面金額20万ドル　約2430万円で購入
利率3.2%　直接利回り4.0%　価格80ドル　最終利回り9%　期間5年
B社　額面金額30万ドル　約3645万円で購入
利率4.5%　直接利回り5. 0%　価格90ドル　最終利回り10%　期間2年　ヨーロッパ
C社　額面金額20万ドル　約2484万円で購入
利率4.875%　直接利回り5.2%　価格92ドル　最終利回り8%　期間3年
D社　額面金額10万ドル　約1107万円で購入
利率3.02%　直接利回り3.7%　価格82ドル　最終利回り6%　期間9年　オーストラリア

⇩

**年間 約365万円（税引後）**

**月 約30万円の利息収入**

**満期時 各銘柄8~20%のUP！**

※為替レートが1ドル=140円で同一の場合

今回ご紹介するのは、60才の法人経営者の方です。創業当時から長いお付き合いのお客様で、退職金の運用として高利回りのドル建て社債を持ちたい、多少のリスクは許容できるとのことでした。

　そこで、まず「ハッピーセット」と名付けたヨーロッパの保険会社3社のドル建て社債と、オーストラリアの銀行（格付AA）の発行している社債（劣後債）を選びました。この社債は他の銘柄に比べて少し利回りは落ちますが、満期まで9年間、決まった利息が受け取れるのがメリットです。

　このように、会社だけでなく国や地域、満期までの期間を分散するというのも一つのリスクヘッジの方法です。一つの銘柄が満期を迎えても、他の銘柄からの利息が入り続けるので、より収益が安定します。

　年間約360万円（税引後）、月にして約30万円以上の利息収入が得られ、さらに4銘柄は全て額面100よりも安く購入しているので、満期の度に元金が殖えて戻ってくるという楽しみもあります。

## 3章まとめ

●ドル建て社債とは、企業がドル建てで発行する債券のこと

・１企業は国に比べて信用度が低いので、国債に比べて高利回りになる

・ドル建て社債には、大きく分けて普通社債と劣後債がある

●ドル建て社債・選び方のポイント

・発行体の格付けA以上

・満期までの期間10年以内

・利回りが国債より１％以上高い

●ドル建て社債は証券会社で購入できる

・ドル建て社債を扱う証券会社は少ない。債券情報に強い証券会社から購入しよう

●米国債からドル建て社債に乗り換えて、利回りアップ

・株の暴落時、米国債は上がり、社債は下がる傾向がある

・タイミングをみて売却し、高利回りなドル建て社債への乗り換えも検討

# 第4章

# 「能登式
# 米国債・ドル建て
# 社債投資法」とは？

# 1 「使っても元本が減らない」利息収入で人生を楽しもう！

能登式米国債・ドル建て社債投資法では、段階を追って資産を構築していきます。

米国債は通常額面１万ドル単位で購入しますが、ネット証券であれば１０００ドル単位で購入できるところもあります。また、ＦＰＬ証券では毎月１万円からの積み立ても可能です。

大切なのは、まずはスタートすることです。時間が経つほど資産運用の効果は大きくなります。今なら米国債でも３・５％～の利回りですので、10万ドルを目標にできる範囲で米国債を購入、あるいは積み立てを始めましょう。

そして資金が10万ドルを超えたら、より利回りの高いドル建て社債にスイッチしていくのもいいでしょう。ドル建て社債は、基本的には途中売却せず満期まで持っていただくようご提案しています。

また、シニアの方には「利息は毎年受け取り、旅行などの楽しみにどんどん使ってください」とアドバイスしています。利息収入なら元本が減らないので、気兼ねなく使うことができます。家族や友人と旅行に言ったり家族で食事をしたり、お孫さんにプレゼントを贈ったりと、お金＝愛を回して、人生を楽しんでいただきたいと思います。

## 米国債とドル建て社債の最適な組み合わせ

2章では、「米国債を持つ事例」、3章では「ドル建て社債を持つ事例」をそれぞれご紹介しましたが、米国債とドル建て社債、両方をバランス良く保有するのもお勧めです。

これは個人の好みもあるのですが、60代〜70代前半ぐらいまでは、利息重視でドル建て社債を多く持つのもいいでしょう。例えば長期の米国利付債（20年以上、3・5%〜）を10万ドル、ドル建て社債（期間5年、5%〜）を20万ドルというように組み合わせて持つと言った具合です。途中でドル建て社債が満期を迎えても、米国債からの利息は継続するので、利息収入が途切れないのも利点です。

次に、70才代以降になると、人によっては長期米国利付債100%にしてもいいと思います。

実は私も、75才ぐらいで米国利付債１００％に切り替えるつもりです。なぜかというと、75才以降になると自分の健康状態がどうなるかわからないからです。もちろん元気でいたいとは思っていますが、残念ながら突然病気になったり、認知症になったりする方も少なくありません。

預貯金だけで置いておくという手もありますが、70代から１００才まででも、まだ30年間もあります。何も運用しなければ、ただ貯金を食いつぶすだけになってしまいます。

その点、米国利付債にしておけば、何もしなくても毎年3％くらいの利息を20年、25年という長期で得続けることができます。

もし体調が悪くなっても、何も考えられなくても、毎年毎年、利息を得続けることができます。万一、天国に行ってしまっても、残されたご家族に相続できますので、ずっと奥様、お子様などの生活を守り続けることができます。

## 最適な期間の組み合わせ

期間については、米国債は基本的に20年以上のものをお勧めしています。米国債は期間が長いほど安く（利回りが高く）購入できるからです。なお、現在は逆イールド状態（P55参照）が発生しており短長金利が逆転していますが、これは将来の金利低下（景気悪化）を見越した投資家が「現在の金利を長期で固定しておきたい」と考えるために起こると言われています。いずれにせよ、株の暴落時には米国債は逆行高（上昇益）が期待できるので、長期保有が資産全体のリスクヘッジになることに変わりはありません。

ドル建て社債は、10年以内の短期から中期のものをお勧めしています。この激動の時代、いくら世界トップクラスの企業とはいえ、10年以上先は読めないからです。

このような考えから、長期の米国債と短中期のドル建て社債を自分の許容できるリスクと求める利回りから組み合わせていくことになります。

資金が豊富で、より安定的に運用したいという人の場合は、ベースに米国債を持ち、ドル建て社債を複数の銘柄、場合によっては国や地域も分散してお持ちいただいています。

## 相場の動きに乗り、ピンチをチャンスに変える

○○ショックと呼ばれるような株の大暴落は、株式投資をしている人にとっては大変なピンチです。しかしそういう世間的にはピンチな状況を、米国債はチャンスに変えることができます。株の暴落時にはリスク回避の資金が安定資産である米国債に向かうため、相場に逆行し価格が上がる性質があり、コロナショックのときは20%〜30%、リーマンショックのときは、50%〜70%も上昇しました。

このような株の暴落時に、価格があがった米国債を売却し、そのお金で株につられて安くなったドル建て社債を購入します。この売りと買いを同時注文するのが、能登式の一つのポイントになります。同時注文ができないと、米国債を売っても次に買う事が出来ず、運用が途切れてしまうからです。

なお、○○ショック時に所有しているドル建て社債の価格が暴落したとしても、慌てる必要はありません。満期には額面で償還されますので、利息収入を得ながらゆったり待てばいいのです。

# 年代別 2 40代～70代まで！

# 「能登式　米国債・ドル建て社債投資法」お勧め必勝シミュレーション

私はＩＦＡ（独立系ファイナンシャルアドバイザー）として活動しており、この仕事を始めてから16年、これまで6冊の著作を出版、YouTube『【お金の学校】のとチャン』での情報発信も注目を集め、日本では数少ない米国債やドル建て社債運用専門家の一人として、テレビや雑誌の取材やコメントも数多くお受けしています。

そんな中で、「○才の今から定年まで、どうしたら効率的に貯められますか？」「もう高齢ですが、私でもできますか？」といった、「年代」に適した投資法へのご質問を非常に多く受けてきました。

そこで、本項では年代別に、米国債とドル建て社債とバランスよく持つお勧めパターンをご紹介します。

# 40代～の投資シミュレーション

## ドル建て社債購入＋米国債の積み立てのハイブリッドで貯めながら効率的に殖やす！

40代のAさんは、堅実に貯蓄を続け、現在1200万円の預金を持っています。働き盛りですが子供たちの教育や住宅ローンにお金がかかる時期に入り、貯金に回せるお金は毎月3万円しかありません。

このまま金利ゼロの日本の預貯金を継続した場合、Aさんの貯金は20年後、1200

**40代・ドル建て社債と米国債の積み立てで殖やしながら貯める例**

貯金1200万円、ドル建て社債5%で運用
→年間 約48万円、月 約4万円（税引後）の利息収入
貯金3万円と合わせて、計7万円を毎月米国債で積み立て

20年後、米国債は約2298万円（税引後 約2174万円）

ドル建て社債は1200万円→1200万円

合計 3374万円の老後資金に！

※為替レートが1ドル=135円で同一の場合
（金融庁の資産運用シミュレーションで試算）

万円＋3×12×20＝1920万円となります。

一方、1200万円の貯金で利回り5％のドル建て社債を購入し、その利息（月換算）月約4万円（税引後）に毎月の貯金額3万円を加え、毎月約7万円で米国債（複利3％）で積み立てた場合を考えてみましょう。

20年後・・・米国債約2427万円に元々の貯金1200万円と合わせて、合計約3427万円になります。

日本の預貯金だけを継続した場合に比べて、約1・8倍にもなるのです。

# 60代～の投資シミュレーション

## 定年から年金までの5年間の生活費を補填しながら殖やし、年金受給後は安全性を高めて運用するプラン

Bさんは、60才で定年退職し、退職金２２００万円を受け取りました。定年後も雇用延長により65才まで勤務する予定ですが、手取りは大幅に減る見込みです。まだ学生の子供がいるため、退職金を運用して少しでも生活費の足しにしたいと考えています。

## 60代前半・ドル建て社債の利息を生活費の足しにしながら殖やす

A社　額面金額20万ドル（期間5年）　2200万円で購入

利率3.2%　直接利回り4%　価格80ドル　最終利回り8%

↓

**年間 約69万円（月 約5.8万円）の利息収入（税引後）**

**満期時　2200万円→2700万円　20%のUP！**

**税引後 約2600万円に**

※為替レートが1ドル=135円で同一の場合

## 60代後半・より安全性を高めドル建て社債と米国利付債を購入

米国利付債　額面金額10万ドル　1200万円で購入

期間25年　利率3%　直接利回り3.4%　価格87ドル　最終利回り3.8%

ドル建て社債　額面金額10万ドル　1350万円で購入

期間5年　利率5.2%　直接利回り5.2%　価格100ドル　最終利回り5.2%

↓

**年間 約88万円（月 約7.3万円）の利息収入（税引後）**

**満期時　2550万円→2700万円　5%のUP！**

**税引後 約2670万円に**

※為替レートが1ドル=135円で同一の場合

２２００万円で、高利回りのドル建て社債　最終利回り９％（利率３・２％　直接利回り４％　価格80ドル　残存期間５年）を購入した場合・・・

年間約69万円、月額約５・８万円（税引後）の利息収入

もし運用せず、退職金から毎月５・８万円をとりくずした場合、５年で３４５万円も減ってしまいます。

一方、ドル建て社債の場合は、利息収入を使っても元金は減りません。５年後、退職して年金生活に入る頃に、ドル建て社債も満期を迎え満額で償還された時、16万ドル→20万ドル、日本円にすると２２００万円が２７００万円（税引後　約２６７０万円）に殖えています。

その後はより安全性を高めた米国利付債とドル建て社債、半々を組み合わせたポートフォリオにして、その利息を年金の足しにしていく予定です。

# 70代～の投資シミュレーション

## 前半はドル建て社債の運用で利息を多く欲しい
## 後半は米国債にして、自動モードで利息を受け取り続けたい

70才のCさんは、50才の時に購入した期間20年のゼロクーポン債が、今年満期を迎えます。まだ元気なうちに老後生活を楽しみたいので、償還される10万ドル（約1350万円）はドル建て社債で運用し、できるだけ毎月の利息を多く受け取りたいとのご意向です。

**70代前半・利回りの高い**
**ドル建て社債で運用**

ドル建て社債　額面金額10万ドル　1350万円で購入
期間5年　利率5.2%　直接利回り5.2%　価格100ドル　最終利回り5.2%

⇩

**年間 約56万円（月 約4.6万円）の利息収入（税引後）**
**満期時は10万ドル→10万ドル（約1350万円）**
**額面で償還される**

※為替レートが1ドル=135円で同一の場合

そこで、ドル建て社債　最終利回り５・２％、残存期間５年（利率５・２％　直接利回り５・２％　価格１００ドル）を購入した場合・・・

年間約56万円、月額約４・６万円　（税引後）の利息収入

75才を超え、Cさんは体調を崩して入院。その頃ドル建て社債も満期を迎えたため、今後はより安全度が高く手間がかからない、長期の米国利付債への切り替えを希望されました。

満期金10万ドルで、米国利付債　最終利回り４・１％・期間25年（利率３％　直接

## 70代後半・長期安定の米国利付債で運用

米国利付債　額面金額12万ドル　満期金10万ドルで購入

期間25年　利率3%　直接利回り3.6%　価格82ドル　最終利回り4.1%

**年間 約38万円（月 約3.2万円）の利息収入（税引後）**

**満期時は1350万円→1620万円**

**税引後　約1560万円に**

※為替レートが1ドル=135円で同一の場合

利回り3・6%　価格82ドル）を購入した場合・・・

年間約38万円、月約3・2万円（税引後）の利息収入

ドル建て社債の場合、利回りの高い銘柄は期間が短いものが多く、償還されるたびに次の投資先を選ぶ必要があります。しかし20年以上の期間がある米国利付債であれば、100才まで自動で利息収入を受け取れますし、万一の際にも残された奥様が相続して利息を貰い続けることができます。売って現金化することも可能です。

Cさんが20年前に額面10万ドル分の米国

ゼロクーポン債を購入した際、必要資金は約５００万円（購入価格50ドル、１ドル＝１００円）でした。

そのお金が20年後償還された際には、約１３５０万円（額面10万ドルで償還、１ドル＝１３５円）になりました。

その資金で購入したドル建て社債からの利息収入は、５年で総額約２８０万円（税引後）。さらにその後購入した米国利付債から受け取る利息は、25年間で約９５０万円（税引後）の見込みになります。

20年前の５００万円が、45年間をかけて約5倍以上の総額約２７９０万円に殖えることが期待できます。これが、日本人がゼロ金利政策下で忘れてしまった金利の力です。その力は、時間が経つごとにとても大きなものになります。

## 3 投資の目的は、人生を楽しみ、愛する子孫に愛を循環すること！

私は常々、米国債やドル建て社債というのは、農耕的な投資だと感じています。田畑から毎年の実りを収穫するように、元本から定期的に利息収入を得て、大切な農地を代々受け継ぐように、大切な元本をそのまま子孫に残すことができます。

もし万一の場合には、米国債やドル建て社債は遺されたご家族が相続して、継続して利息収入を得ることができます。債券のいいところは、購入時点で利回りや償還時期が確定しており、引き継いだ側が何もしなくても良いという点です。

実際にご主人が亡くなり、ドル建て社債を受け継いだ奥様がおられますが、お会いするたびに「夫が債券投資をしてくれていたおかげで、利息で安心して生活できます」とご主人に深く感謝されています。そういう姿を見て育った息子さんも、早くから米国債の積み立てをスタートされました。

ご主人の遺したお金＝愛が、ずっと循環して奥様やお子様の生活を助け、引き継がれているのです。

投資の目的は、ただ儲けたいとか贅沢な生活をしたいということではなく、やはり、お金＝愛を循環することで、愛する家族を幸せにすることです。この愛の循環が、もっと日本中に広まってくれることを願っています。

Column

## 遺産相続したお金の運用には「利回りが確定する」債券が最適

遺産相続したお金の運用についてのご相談もよくお受けします。

不思議なことに、自分のお金では株式投資やFXなどアクティブな投資をしている人でも、遺産相続したお金で株を買うのは抵抗があるようです。親から引き継いだ大切な資産だからこそ「減らしたら申し訳ない」という意識が働くのでしょう。その点、元本保証で利回り確定の債券投資は、相続資産の運用先としてフィットするようです。

あるお客様は、お父様から遺産相続したお金を、ずっと何年間も預貯金で持っておられたそうです。そんな中、私のYouTube動画でドル建て社債を知り、お問い合わせいただきました。その際は「買います！」とおっしゃっていたのですが、やはりなかなか踏み切れず、数か月が経過していました。

それがあるときに、「明日、いい日なのでお金を振り込みます」という連絡が来て、その日に買われました。後から聞くと、ちょうど亡くなったお父様の命日だったそうです。「この日にスタートできて、きっと父も喜んでくれていると思います」そのお言葉通り、確かに、結果的にいいタイミングで高利回りのドル建て社債を購入できていました。

「後からもっといい利回りのものがでるかもしれない」と購入タイミングに迷われる方もいます。

お気持ちはよくわかりますが、債券の場合は、満期まで持てば少なくとも損はしません。また、期間も10年以内に絞っていればそう遠くない未来に次のタイミングも期待できます。あまり狙いすぎてもスタートできないので、ある程度の思い切りも大切なのかなと思います。

## 4章まとめ

●米国債とドル建て社債の最適な組み合わせ

・米ドルでコツコツ資産を構築し、より利回りの高いドル建て社債へ乗り換えていく

・米国債は長期、ドル建て社債は中短期（10年以内）がお勧め

●年代やリスク許容度でお勧めの組み合わせは変わる

・元気な時はドル建て社債の利息で楽しむ

・発行体や国を分散することで、よりリスクを低減

・高齢になったら、長期の米国利付債で安定運用がお勧め

・万一の場合、家族が相続して利息をもらい続けることができる

第5章

【読者／セミナー受講者／ YouTube視聴者】

# “米国債・ドル建て社債”初心者からの“12”の質問に答えます！

米国債・ドル建て社債について、私の著書の読者の方、セミナー受講者の方、YouTube視聴者の方・・・などから多くのご質問をお寄せ頂いております。

本章では、これから資産運用を始める初心者向けの質問を、12個ピックアップしてお答えしています。

## Q1 米国債・ドル建て社債はどこで買えますか？

米国債・ドル建て社債を取り扱っている証券会社で購入することができます。既発の米国債・ドル建て社債を扱っている会社は限られているので、債券を得意とする証券会社で購入することが重要です。

私がお客様にご紹介しているのは、ＦＰＬ証券という米国債やドル建て社債を中心に取り扱いしている証券会社になります。

・Ｑ１のYouTube【お金の学校 のとチャン】での詳しいAnswer
『ほうっておいても安心！ 米国債 ドル建て社債 買いたいです！
どうしたら購入できますか？』

## Q2 米国債・ドル建て社債を買うには、どのくらいの資金が必要ですか？

米国債は額面１万ドル単位で購入可能な証券会社も多いです。なお、ＦＰＬ証券の最低購入単位は額面1万ドル。毎月1万円～積み立てで購入することも可能です。

ドル建て社債は、米国債よりも売買単位が大きく基本的に10万ドル、20万ドル単位のものが多くなります。ネット証券などでは1万ドルから買える銘柄もありますが、ごく一部です。

## Q3 米国債・ドル建て社債は、どのくらいの投資期間をみればいいでしょうか？

米国債の場合は為替リスクを考えると最低5年以上、できれば10年以上の運用をお勧めします。短期間ではどうしても為替リスクや価格変動リスクが大きくなり、元本割れの可能性も高くなるためです。

ドル建て社債の場合は、基本的には満期まで持つことを前提としており、残存期間が10年以内のものをお勧めしています。

・Q３のYouTube【お金の学校 のとチャン】での詳しいAnswer
『米ドル運用は最低何年するべきですか？　なぜ？　米ドル９割なのか?!』

## Q４ 円安の今、米国債・ドル建て社債を買ってもいいのでしょうか？

今は米国債・ドル建て社債の利回りが十数年に一度の高い利回りになっています。長期のドル運用を前提に米国債やドル建て社債の購入をお勧めします。

・Q４のYouTube【お金の学校 のとチャン】での詳しいAnswer
『米国債の購入タイミングは!? アメリカの政策金利22年ぶりの5・5%高金利に！今が買い時か!? もう少し先か？』

## Q５ 米国債・ドル建て社債の購入手数料はいくらですか？

米国債やドル建て社債は、購入価格に手数料が含まれているため別途の販売手数料はかかりません。また、毎年の管理手数料などもかかりません。ただし、証券会社によって条件が変わる可能性もありますので、事前にお取引される証券会社にご確認ください。

・Q５のYouTube【お金の学校 のとチャン】での詳しいAnswer
『意外と知らない債券（社債・米国債）の販売手数料・管理手数料！
いくら掛かるの？　何%くらいかかるの？』

## Q6　購入後、ずっと金利は変わらないのですか？

購入後、金利（利率）は基本的に償還まで固定です。

一部、劣後債で初回コール延期後に金利が変動するものもあるため、事前に証券情報をご確認ください。

## Q7　米国債やドル建て社債の利金にも米国株の配当と同様に米国での10%の課税がありますか？

米国債やドル建て社債の利金には、米国での課税はありません。個人の場合、日本国内で税率20・315%の源泉徴収のみです。法人の場合は、他の法人所得と通算して申告いただき課税されます。

## Q8 米国債は、法人や医療法人でも購入可能ですか？

証券会社で法人口座を開設していただければ、法人や医療法人でもご購入いただけます。法人口座の開設については、お取引される証券会社にお問い合わせください。

## Q9 証券会社が倒産した場合、購入した米国債や社債はどうなるのですか？

証券会社は、法令により、顧客の資産を自己の資産と分別して管理することが求められており、これを分別管理といいます。もし、証券会社が倒産しても購入された米国債や社債は守られます。その場合、別の証券会社に移管手続して引き続き保有していただけます。

・Q9のYouTube【お金の学校 のとチャン】での詳しいAnswer
『証券会社が倒産時！　米国債やドル建て社債はどうなるのですか？
分別管理で本当に守れるの？』

## Q10 米国債・ドル建て社債の利息や償還金を円で引き出すには、どうしたらいいのですか？

米国債・ドル建て社債の場合、利息・償還金ともに米ドルで支払われます。

あらかじめ日本円での受け取りを指定できる証券会社が多いのですが、詳細は各証券会社にお聞きください。その時のドル円の為替レートにより、円での受取金額は変動します。また、両替には所定の為替手数料がかかります。

## Q11 米国債・ドル建て社債を相続したら、相続税はかかりますか？

米国債・ドル建て債券ともに、相続資産となり、その方の資産規模によっては相続税がかかります。相続税の評価は日本の株や債券と基本的に同じく時価で行われます。

# Q12 「お宝社債」の利回りが高いのは、会社の経営状態が悪化したからではありませんか？

通常、投資において利回りとリスクは反比例します。そのため、6%～という高利回りの「お宝社債」の発行体について、破綻リスクを懸念されるのも当然です。

私がお勧めしている「お宝社債」について言えば、高格付けで（国際的格付け機関でA以上）低リスクの業態（世界トップクラスの保険会社）を選ぶことで、極力破綻リスクのある発行体を避けています。

それでも高利回りである理由は　①劣後債であること　②ウクライナ紛争などヨーロッパの地政学的なリスクへの懸念　③クレディスイス破綻でAT1債が無価値化されたことによる永久劣後債への懸念　などがあげられるでしょう。

・Q12のYouTube【お金の学校 のとチャン】での詳しいAnswer
『ヨーロッパ保険会社のお宝社債！
なぜ格付けA以上で利回り8%以上と高利回りなのですか？』

# おわりに

最後までお読みいただき、ありがとうございました。7作目の著作となる本書では、米国債・ドル建て社債による資産運用について、初心者の方にもわかりやすくご紹介いたしました。

前作から1年。市場は大きく動きました。大きかったのは、米国がインフレ抑制のために断続的に金利を引き上げたことです。そのため米国債とドル建て社債の金利も大きく上昇しました。

米国債の場合、従来は利回りの高いゼロクーポン債をお勧めしていましたが、現在は米国利付債も3・5%~と魅力的な水準になり、投資の幅が広がりました。ドル建て社債に至っては、数年に一度レベルのお宝社債（6%以上~）が複数出現し、しかも買い場が半年以上も続いているという状況です。

一方日本はというと、10年ぶりの日銀総裁が交代によりゼロ金利政策もいよいよ終了かと注目されていましたが、実際は0・25~0・5%という誤差範囲内の利上げに留まり、ゼロ金利政策は継続されています。

くわえて、為替市場では円安が加速しています。要因は、日本の弱体化なのではないかと感じています。

国際競争力の低下、GDPの低下、少子高齢化の進行による人口減、農業や産業における生産力の低下など、日本の弱体化を示す証拠は枚挙にいとまがありません。通貨はその国の信用や経済力など国力を反映するものなので、弱い日本の弱い円が売られているということです。

このような状況下、大切な資産を日本の預貯金にしておくだけでは、金利がつかないばかりか、円安とインフレで実質マイナス運用となってしまいます。

特に60代以上のシニア層の場合は、退職金や貯金などのこれまで築いた資産をどう運用するかで、その後の人生が大きく左右されます。

私はお金＝愛だと捉えています。退職金や預貯金などの資産は、これまでの人生で蓄えてきた愛そのものです。

せっかくそれなりの資産を築いて老後を迎えたのに、預貯金が減るのが怖くて年金内で倹約生活をしているシニア層が多いのは残念なことです。とはいえ、長生きリスクが叫ばれる今、実際に毎月減っていくストレスを考えると仕方がないとも思います。

私は米国債・ドル建て社債で運用されているお客様には、「利息収入は再投資に回すのではなく、趣味や楽しみのために使ってください」とお話ししています。元本を減らさず使える利息収入なら、気兼ねなくお使いいただけます。

本書でご紹介した米国債・ドル建て社債による資産運用では、「3つのゆとり」を得ることができます。

1つめは、利息収入がもたらす実質的な「財布のゆとり」。

2つめは、元本が減らない利息収入なので、気兼ねなく趣味や楽しみにお金を使えるという「心のゆとり」。

3つめは、一度購入すれば、何もしなくても決まった利息収入が満期まで得られる「時間のゆとり」。

この3つのゆとりにより、読者の皆様の人生がますます充実した楽しいものになれば、これ以上の喜びはありません。

そしてお金＝愛を巡らせ、ご自身はもちろん、大切なご家族、ご親戚、ご友人など周囲の方々と笑顔ですごす、幸せで充実した老後生活を満喫していただきたい。そのように願っております。

本書の刊行にあたっては、多くの方々にお世話になりました。この場をお借りして御礼申し上げます。

はじめに、帯の推薦文をくださった経済評論家の藤巻健史先生、ご多用の中、本当にありがとうございます。

いつも貴重な情報を提供いただき、ご助言くださるＦＰＬ証券の中川浩会長、工藤好洋社長、誠にありがとうございます。

さらに、「やまとしぐさ」を広められておられ、社員研修でもお世話になっている辻中公さん、倫理法人会に導いていただいた新庄昇さん、いつも父のように応援し続けてくださる木谷昭郎さん、母のように応援してくださる森淳子さん、夢現塾の井内良三さん、永田咲雄さん、水野元也さん、いつも楽しい時間をくださる志村保秀さん、滋賀県倫理法人会の役職者の皆さん、福ふくゼミナールの後藤敬一さん、開運モンスター吉川真実さん、はじめ朝活おとまなメンバーの皆さん、午前3時の手帳会の皆さん、ビジネスYouTuberの学校で大変お世話になった鴨頭嘉人さん、ヒロキングさん、YouTubeチャンネル『【お金の学校】のとチャン』視聴者の皆さん、この場に書ききれないのですが、本当に多くの皆さんに感謝しています。

また、前作に引き続き本書の企画立案・製作進行を担当してくださった夢パブリッシング編集長の大熊賢太郎さん、編集ライターの河西麻衣さん、版元のごま書房新社池田雅行社長にも、大変お世話になりました。

もちろん、お客様、取引先様、当社を応援してくれている地域の皆様、全国の仲間のおかげで日々の私があります。感謝でいっぱいです。

いつも笑顔で一所懸命に働き、思いあい助けてくれる社員のみんなもありがとう！

そして、私を生んでくれた両親、いつも支え続けてくれている妻の潤子、いつも笑顔で元気をくれる3人の子どもたち、ありがとう。愛しています。父は家族の喜び・幸せ・笑顔をいつも一番に考えています。

皆様のお金＝愛がますます巡り巡りて、喜びいっぱい溢れますことをお祈りしています。

2023年8月　猛暑日の草津オフィスにて

能登 清文

# 能登清文の活動・事業内容

本書をご購読いただき誠にありがとうございます。文中でお伝えした通り、私は個人様、経営者様、事業者様、企業様などこれまで1500人以上の資産運用をお手伝いさせていただいてきました。もし、本書をお読みになり生涯安心できるお金との付き合い方にご関心を持たれた方はぜひお気軽にご相談ください。皆さまのために全力でサポートさせていただきます。また、米ドルをはじめ、資産運用についてのセミナーや講演の講師もお引き受けしております。私は滋賀県在住ですが、北海道から九州まで講演の実績があります。こちらもぜひお声がけください！

## 個人様（経営者様）サポート

●トータルライフ（ファイナンシャル）プランニング
・米ドル、米国債、社債などの安定利回りでの資産運用
・保険見直し　・相続税対策　　ほか

## 法人サポート

●100年企業創りトータルサポート
・米ドル、米国債、社債などを用いた資産運用や資金調達
・純資産増加、資産防衛　・保険診断・最適化　・役員、従業員退職金積立
・事業承継対策（自社株対策）　・従業員の保険見直し　　ほか

## 講師活動・執筆活動

・著書7作出版（2016年〜2023年）

・米ドル、米国債、社債などの資産運用　・ライフプランニング
・人間繁盛、商売繁昌　・リスクマネジメント（保険最適化）

## 能登清文へのお問い合わせ

※ご相談、サポートは、通常は紹介のみで対応をさせていただいています。
お問合せ時には「米国債の本を読んだ」と必ずお伝えください。

**株式会社クオリティライフ（滋賀県草津市）**

**◇能登清文 LINE公式（【お金の学校】のとチャン）**

**【ID：@notochan】**

・著者プロフィール

能登 清文（のと きよふみ）

1967年生まれ、滋賀県在住。株式会社クオリティライフ代表、ファイナンシャルプランナーCFP、IFA（独立系ファイナンシャルアドバイザー）財務・金融コンサルタント、100年企業クリエイター、保険代理店、金融商品仲介業経営。株式会社プランドゥ取締役、滋賀県倫理法人会 元会長、和の心を愛する人生100年時代のお金の専門家、YouTube〔お金の学校〕のとチャン先生。

大学卒業後、一部上場企業キーエンスの生産管理、営業サポート部門で15年活躍。その後、ファイナンシャルプランナーを目指しアリコジャパンへ転職、持ち前の企画力で入社1年目より、MDRT入会を達成。その後、滋賀県にて独立起業し企業や経営者向けに「豊かな心、豊かな人生を創るための生涯のパートナーを目指し、生涯の安心を提供し続ける」を理念に事業承継や保険、資産運用のサポートをおこなっている。また、その効果と斬新な内容が話題を呼び、講演依頼や全国の経営者からの相談も増え続けている。

著書に『世界一堅実な“米ドル”投資の教科書』『コロナ禍の経営者を守る“殖やす”資産運用のはじめ方』（共にごま書房新社）ほか累計7作。

・株式会社クオリティライフ
http://www.q-life.co.jp

・能登清文Youtubeチャンネル【お金の学校】のとチャン
https://www.youtube.com/@noto-chan

世界一安心な
“米国債・ドル建て社債”の教科書


| | |
|---|---|
| 著　者 | 能登 清文 |
| 発行者 | 池田 雅行 |
| 発行所 | 株式会社 ごま書房新社<br>〒167-0051<br>東京都杉並区荻窪4-32-3<br>AKオギクボビル201<br>TEL 03-6910-0481（代）<br>FAX 03-6910-0482 |
| 企画・制作 | 大熊 賢太郎（夢パブリッシング） |
| カバーデザイン | 堀川 もと恵（@magimo創作所） |
| DTP | 海谷 千加子 |
| 編集協力 | 河西 麻衣 |
| 印刷・製本 | 精文堂印刷株式会社 |



ISBN978-4-341-08845-3 C0034

## ごま書房新社の本

～ 初心者が“いま”はじめるべき貯蓄・資産運用！～

# 世界一堅実な “米ドル”投資の教科書

YouTube【お金の学校】のとチャン先生
ファイナンシャルプランナーCFP®
**能登 清文** 著

発売1週間で重版！ 複数書店で売上 1位！
話題の米ドル投資に反響続々！

いま話題の経済評論家『藤巻健史』氏も絶賛！
『インフレ時代突入！
日本の家庭も円だけでなく
〝ドル資産運用〟必須になった！』

【“円安時代”は株・FXより“米ドル”が一番狙い目！】

「もうだいぶ円安が進んでいるから、今から米ドル資産にしても遅いだろう」と諦めるのは早計です。現在が高いか安いかは、もっと長期の視点でみないと判断できません。
YouTubeで話題！のとチャン式「米ドル資産」運用術投資初心者でも失敗しにくい方法を教えます！
★能登式“米ドル”投資オススメの方★
●毎月数万円からコツコツはじめたい方！ ●教育費・事業資金に充当したい方！ ●退職金を減らさずに資産運用したい方！

定価1760円（税込） 四六版 148頁 ISBN978-4-341-08823-1 C0034